Der Garten meiner Mutter

Christine Paxmann

Der Garten meiner Mutter

Geschichten aus dem Erbgarten

blv

Inhalt

Der Erbgarten

»Da muss man mal was machen«, wie oft höre ich den Satz. Vorzugsweise von gewieften Gartenseniorinnen, die schon immer gewusst haben, dass die *Alchemilla* und überhaupt alle Frauenmantel-Arten nicht in den Eingangsbereich gehören, weil sie dort allerlei Hübsches verdrängen.

Bei mir hat die Alchemilla neben den Treppen im Steinverhau nur Schönheit angerichtet. Flauschig und geduldig wuchert sie sich zwischen den zufälligen Gewitterblümchen einen Weg und spendet den sich selbst ansiedelnden Ahornbabys und Eichenküken Schatten. Dazwischen Farn in Urwaldgröße und einige sehr ringelfreudige Brombeeren, die wie Medusa auch nach acht abgeschlagenen Ästen weiterwuchern, als gäbe es kein Morgen.

Als ich Mutters Garten übernahm, war er ein Hort für liebevolles Beutegut aus den nahen Wäldern.

Ausgegrabene Minitannen waren zu dunkelgrünen Stachelschabracken geworden. Farnchen wuchsen zu üppigen Farnen und gediehen wie seltene Tiere in einem Schutzreservat. Steine aus den nahen, aber fast unzugänglichen Bachbetten dienten als Zehenbrecher und Wegbegrenzung, an die sich keine Pflanze hielt.

Früher fand ich diesen Pseudowald ein wenig nervig. Ständig mussten wir mit Schaufel und Plastiktüte durch die Botanik latschen, um »was« auszugraben. Keine Wanderung, von der wir nicht mit einem Rucksack voller Waldschösslinge zurückkamen. Kein Spaziergang ohne Moosausbeute, kein Besuch bei Freunden ohne Fechser und Triebe, die in Waschlappen (»darfst ihn behalten!«), Mokkatassen (»gibst du mir bei Gelegenheit wieder«) oder unbenutzten Hundekotbeutelchen (»kannst du ja dann noch für den Dackel benutzen«) weitergereicht wurden. Es war ein ständiges Stehlen (»ist ja genug da«) und Leihen (»wenn er treibt, gib mir was ab«), Schenken (»der rankt mir eh alles zu«) und Resignieren (»bei mir kommt das nicht«).

Ins Gartencenter ist meine Mutter so gut wie nie gegangen, selbst Blumenerde wurde irgendwo ausgebuddelt und sei es am Friedhof. Minifindlinge wurden kilometerweit durch Flussbetten geschleppt, bevor sie in unserem Garten als Grenzsteine Halt fanden. Kies holte sie aus dem Kieswerk. Dort fuhr sie mit ihrem kleinen Fiat vor und stellte sich neben achtachsige Kipplaster, um gegen ein kleines Trinkgeld eine Einkaufstüte voller hübscher weißer Flusskiesel zu erwerben.

Als meine Mutter starb, weil sie dem Wildwuchs einer hartnäckigen Pflanze in ihrem Bauch nicht Herr wurde, hinterließ sie eine Waldoase mit furchtbar viel nadeligem Gehölz – Latschen in allen Verrenkungen, Tannen und Fichten, Koniferen und eine Krüppelkiefer, der sie immer die Spitzen abgeschnitten hatte, damit sie nicht größer wurde. Das hat die Krüppelkiefer zum einen jahrelang übel genommen, und zum anderen hat es noch mehr zu ihrem schlechten Aussehen beigetragen. Sie wuchs schiefer als nötig, nadelte wie ein Weihnachtsbaum nach vier Wochen Zentralheizung und geizte mit Zapfen, als wäre es Gold.

Der Mann mit der Axt war schon bestellt, da hatte ich Mitleid mit der armen Kreatur. Immer stand sie im Schatten dreier Tannen. Ein Miniwald vor der Haustür, der einen Riesenschatten auf das ganze Häuschen warf. Der Mann mit der Axt durfte tätig werden, aber nicht an der Krüppelkiefer, sondern an den drei Tannen. Eine davon blieb.

In nur einem Jahr ist aus der Krüppelkiefer eine stattliche Nadelschönheit geworden. Ihre Zapfen sind rekordverdächtig und sie verteilt sie bis heute großzügig im Garten, wo ganze Eichhörnchengenerationen eine neue Heimat gefunden haben. Nicht zu vergessen die Mäusedynastien, die sich unter Bodendeckern und Buchenbäumchen so viele Geheimwege geschaffen haben, dass ich um die Stabilität des Gartens fürchte.

Ein bisschen Kahlschlag da und dort hat dem vagabundierenden Waldgarten so viel Luft verschafft, dass er heute an einigen Stellen aus den Nähten platzt. Wo die geliebten Tonfiguren standen, üppt jetzt der Kirschlorbeer. Man könnte auch sagen, er pubertiert, denn er rüpelt mit solcher Gewalt sämtliche Himbeeren weg, dass ich ihnen einen neuen Platz zuteilen musste. Wir werden es beobachten, ob sie den gut finden, schließlich haben Grünfink und Rotkehlchen Spaß an den Früchten.

Mittlerweile bin ich mit den Fällungen, Umsiedlungen und auch Trennungen versöhnt und habe kein schlechtes Gewissen.

Geerbte Gärten sind schließlich gerne nachtragend. Jede Pflanze, jeder Baum, jedes Arrangement, das noch die Fingerspuren des Erschaffers trägt, lebt ja als eine Art Heiligtum weiter. Jeder vererbte Garten ein grüner Altar. Und somit jeder Axthieb, jedes Vertikutieren, jeder neu geschaffene Kahlschlag eine Entweihung. Oder eben nicht. Auch Trauer und Erinnerung brauchen Platz, da nimmt sich ein Erbgrün nicht aus. Ganz im Gegenteil – ist die Phase der Ehrfurcht vorüber, kann Andenken kreativ verarbeitet werden. Bereits Angelegtes wird verbessert, manches ist ein wenig außerhalb seiner Zeit wie der Erschaffer selbst, wieder anderes harmoniert aufs Freudigste mit den alt eingesessenen Bewohnern dieser Oase.

Gärtnern im Erbe ist eine heilige, aber auch eine versöhnliche Aufgabe, wenn man den Totenschatten überspringt. Und kaum etwas eignet sich besser zum Verarbeiten von Erinnerungen als das »Stirb und Werde« eines Gartens und seiner eigenwilligen Bewohner, die so viel erzählen von demjenigen, der sie einmal dorthin eingeladen hat.

Grün ist die Rache

»Du musst aufpassen, dass er nicht überwuchert. Die Natur holt sich alles zurück.« Der Satz spreizte sich in meinem Gehirn auf wie ein Dübel.

Was hatte meine Mutter immer über den Freisitz im hintersten Eck des Gartens gesagt?

Ich stand davor und sah nur Grün. Ok, wir hatten diesen Sommer nicht das richtige Wetter gehabt, um auch nur ein Mal die Gartengarnitur ins Freie zu holen und am Freisitz abendzuessen. Und ja, ich war viel geschäftlich unterwegs gewesen, war nur selten in diesem, meinem Retiro, meinem Erbgarten. Nun hatte ich den Salat oder besser die Brombeere und das Springkraut und das Riesengeißblatt und einen Bodendecker, der Anstalten machte, auch ein Kletterdecker zu werden. Von einer betonierten Freisitzfläche war nichts mehr zu sehen. Nicht nur wegen der wuchernden Knalltüten, die so ungehobelt ihr Grün verspritzten, dass man es mafiös nennen konnte. Nein, auch Moos und Gräser hatten ganze Arbeit geleistet. Nur ein einziger verregneter Sommer, und aus dem Freisitz war eine Grotte geworden, mit sämigen dunkelgrünen bis schillernden Flechten und Moosen, die den Boden polsterten und die ein Dach bildeten aus sich zuneigendem Springkraut, gut miteinander verwoben durch die rankfreudigste Brombeere ever. Meine! Dazwischen haben es sich schilfartige Büschel bequem gemacht, deren scharfkantige Blätter mir ins Bein schnitten, in schöner Abwechslung zum Brennen der Brennnesseln und Ritzen der dornigen Kriecher.

Ich hatte nun drei Möglichkeiten: Absäbeln, am besten mit einer Machete, fitzcarraldoartiges Berserkern durch den Urwald. Ich könnte Opernmusik dazu laufen lassen, dann wäre das Szenario perfekt. Zweitens konnte ich der Grotte behutsam mit der Küchenschere einen Façonschnitt geben, damit das Üppige erhalten blieb, aber der Platz auch wieder genutzt werden konnte.

Oder drittens alles so lassen und mir einen neuen Freisitz an einer weniger vegetativen Stelle einrichten. Ich entschied mich für die feige Variante des sanften Schneidens, denn eigentlich war es doch genau so richtig schön? Hatte ich nicht immer wilde Natur haben wollen – allerdings nur so wild, wie ich sie bezwingen kann? Nicht mit vielen wilden Tieren drin, allerhöchstens den paar Eidechsen, die ich eh schon kannte, weil sie völlig entspannt auf den steinigen Wegbegrenzungen Sonne tankten, und mit den wenigen Schlangen und Nattern, die sich gelegentlich sehen ließen, um gleich darauf wieder im schattigen Bodenlaub zu verhuschen. Allein das Rascheln verrät sie, aber es könnten auch die Mäuse sein, die vor den Schlangen davonlaufen. So genau wollte ich es nicht wissen. Fingen meine Schlangen überhaupt Mäuse, oder ernährten sie sich von Schnecken, was ich echt nett von ihnen fände? Anyway, ich wollte Herrscher über mein Grün sein, aber nicht Diktator. Hier würde nichts auf Kante gestutzt, und wenn meine mehr oder weniger gelittenen Freunde der Photosynthese ein bisschen haltlos waren, dann entsprach das doch genau meiner Flexierziehung.

Nur zwei Wochen nach meinem zarten Rückschnitt stand der Freisitz in grünen Flammen. Als wären ungeahnte Kräfte freigesetzt worden. Kennt man ja von den eigenen Haaren. Kaum hat man den Kopf zum Frisör getragen, sprießt es wie blöd.

Auf meinem Freisitz hatten sich neue Grüns dazugeschlichen. Hey, ich schnitt doch nicht die eine Pflanze ab, damit die nächste nachrückte? Das war doch nicht wie am Amt, wo man eine Nummer zieht!

Ich war empört und nahm Rache. Mit der Machete. Nach einer halben Stunde sah der Freisitz aus wie ein unglückliches, zerrupftes Etwas, das die Nacht auf einer Parkbank verbracht hatte. Nichts hatte mehr ein Gesicht. Die einst überstehenden, dann abgeschnittenen Äste gaben totes, braunes Unterholz frei. Dort, wo üppig ein Riesenblatt alles beschattet hatte, war nervöses Geäst stehen geblieben, das sich für keine Richtung entscheiden konnte. Die von mir entfernten Mooskissen hinterließen einen schimmelgrünen Beton, der mich giftig aus tausend Augen ansah. Hier sollte mal ein Idyll zum Verweilen gewesen sein? Was hatte ich mir dabei gedacht?

Ich entschuldigte mich bei den abgeschnittenen Ästen und Ranken, die jetzt noch für ein paar Stunden ihre grüne Farbe behalten würden. Dieser Garten führte seine ganz eigene Regie, ich ahnte es.

Nach einem Beruhigungsspaziergang mit dem Hund kehrte ich zurück.

Wie von Wunderhand hatten sich die verbliebenen Grüngespenster wieder eine neue Lage, eine neue Wuchsrichtung und eine neue Freiheit gesucht. Es sah jetzt nicht mehr ganz so schlimm aus. Das Schnittgut lümmelte schlaff am Boden. Ich nahm es ein letztes Mal in den Arm, um es in mein selbst ernanntes Komposteck hinten im Wald zu werfen.

Ganz logisch, dass eine der Dornranken noch einmal einen Zinken ausfuhr und ihn tief in meinen Unterarm versenkte. Wie konnte man nur ohne Schutzjacke und Handschuhe gärtnern? Wie konnte man nur wildes reiches Grün in dürres albernes Geäst verwandeln?

Ich ahnte, dass ich einen Kampf aufgenommen hatte, den ich nicht gewinnen konnte, schon allein nicht, weil Pflanzen untereinander kommunizieren und sich längst unter den Bewohnern meines Gartens herumgesprochen hatte, dass ich zu gärtnerischen Wutausbrüchen neige. Sie würden alle in irgendwelchen Zellwänden einen Zaubertrank horten, um zu explodieren, sobald ich mit der Heckenschere aus meinem Häuschen trat. Ich war ganz sicher, dass sie das tun würden, auch wenn sie jetzt so unschuldig vor sich hinmickerten und flüsterten »Da hast du deinen Freisitz!«

Der Baum und der Tod

Sie waren tot. Nadellos, rot, verdörrt. Drei kleine Nadelbäume, die sich in den letzten Jahren doch so prächtig entwickelt hatten. Es waren drei der Findelkinder, die meine Mutter von zahllosen Spaziergängen mit dem Hund mitgebracht hatte. Und die nun an den unterschiedlichsten Stellen im Garten kleine Tannen- und Fichtenbiotope gebildet hatten, bis zu diesem Frühjahr.

Die drei Kleinen hatten also den Winter nicht überlebt oder den Rehverbiss oder eine geheimnisvolle Tannengrippe, die sich der Nadelbäume bemächtigt, egal wie groß sie sind. Denn was noch viel schlimmer war: Einer der Riesen unter den anderen hoch geschossenen Nadelbäumen hatte ebenfalls die ungesunde rote Farbe angenommen. Meine Mutter hatte in solchen Fällen immer den Nachbarn, denen die hohen Bäume die Sicht nahmen, Tannenallergie unterstellt. Am häufigsten verdächtigte sie die Bäuerin südlich unseres Gartens, mit der sie jahrelang im Clinch lag, weil beide sehr unterschiedliche Ansichten über das Waldstück hatten, das die Grundstücke trennt. Der Bäuerin waren die zugereisten Städter mit ihren Wochenendgärten ein Gräuel. Ihre Rache war ein Buchenhain, der jeden angrenzenden Garten zur Dauerbaustelle des Laubrechens machte. Meine Mutter wiederum ahndete dies mit abgeschnittenen Ästen eben jener Bäume und mit anderen Gartenabfällen, die sie großzügig zurück in den Buchenhain schüttete.

So ging es jahrelang und dann bis vor Gericht. Ein Prozess, der mir das Gärtnern und meine Mutter entfremdete. Wie konnte man so kriegerisch unterwegs sein, wenn man sich dieselben Pflanzen teilte?

Als es einmal eine Art Baumsterben im Garten gab, wurde die Bäuerin zur Feindin der ersten Wahl. Und Hauptverdächtige. Ich tippte schon damals auf Ersticken. Schließlich stehen hier viele Bäume dicht an dicht, manche als Sichtschutz nah an der Straße, wo ihnen der Asphalt die Wurzeln abdrückt, wenn sie es nicht gar schaffen, ihn anzuheben.

Meine drei roten Minifichten standen jedenfalls geschützt, die Große hatte allerdings ziemlich kräftige Nachbarn.

Ich ließ alle viere eine Weile stehen, weil ich immer noch an ein Wunder glaubte. Und weil ich es nicht übers Herz brachte, die Findelkinder meiner Mutter Jahre nach ihrem Tod zu fällen.

»Wenn Sie die nicht rausnehmen, werden Sie ihr blaues Wunder erleben«, klärte mich dann ein Spaziergänger auf, der schon an seiner Kleidung als Mann des Waldes zu erkennen war. Ob Förster oder Jäger – der Mann wusste eine Menge über Nadelbäume und ihre empfindliche Seite. Es könne auch durchaus sein, dass die Bäumchen von irgendetwas befallen wären. Dann würden sie alle anderen anstecken.

Ich ließ einen Gärtner kommen für den großen Patienten und säbelte die Kleinen mit eigenen Händen ab. Anschließend schuftete ich wie zur Wiedergutmachung stundenlang in der verwurzelten Erde, um die möglichen Krankheitsherde auszumerzen. An Stelle der Fichten setzte ich einen Kirschlorbeer, die hatten sich im lehmigen Grund als recht robust erwiesen und setzten zuverlässig jedes Frühjahr riesige grüne Spitzen an. Die Warnungen, dass dieses Rosenholzgewächs ein ziemlicher Rum- und Austreiber sei und binnen kürzester Zeit kleine Gärten knallhart in seinen giftigen Griff nimmt, überhörte ich. Aus Pflanzenbeschreibungen lese ich immer nur das Spannende heraus. Nämlich, dass man mit dem Saft der Kirschlorbeere Stoffe aus Grabkammern restaurieren kann und dank der enthaltenen Blausäure steinaltes organisches Material wieder biegsam bekommt. Und er deshalb in Restaurierungswerkstätten ein ziemlicher Könner ist.

Bei mir sollte er nur immergrün wachsen.

Bis es soweit war, behalf sich mein Naturgarten selbst. Den Raum der großen Fichte füllten rasch die unteren Äste ihrer Nachbarn und ein Ahorn, der sich selbst angesiedelt hatte. Ich begriff langsam, dass der Garten eventuell gar kein Nadelgehölz beherbergen wollte. Wahrscheinlich hätte ich es nicht herausgefunden, wenn meine Mutter die Versuchsreihe nicht begonnen hätte.

Blaublüter

Andere Leute haben die schöneren Blumen. Eine Einsicht die mich jedes Jahr aufs Neue überkommt, wenn ich im Frühjahr meinen und anderer Menschen Gärten betrachte. Kaum zieht sich der Schnee zurück, was in einem alpinen Garten wie meinem recht lange dauern kann, bildet in anderer Leute Gärten der Frühlingsenzian prachtvolle Mauern und plüschige Einfassungen. Da stehen Traubenhyazinthen wie marschbereite Pfadfinder im frischen Grün. Schachblumen lassen ihre karierten Blüten im Bündel baumeln. Anderer Leute Gärten beherbergen einen Polsterphlox, der jede Unebenheit im Boden veredelt.

Im Garten meiner Mutter hatten solche Retoucheure keine Chance. Warum auch immer. Ich hatte mich schon lange damit abgefunden. Auch wenn der Blumenneid zu meinen Frühjahrserfahrungen gehörte. Vielleicht ist es auch eine besondere Eigenart des

Erbgartens, dass man sich manche Gedanken nicht zu denken traut.

Ein Kahlschlag öffnete mir schließlich die Augen. An einem schönen Frühjahrstag hatten ein verirrter Fußball, ein Mäusefangversuch meines Hundes und ein herabgefallenes Baumstück einem Teil meiner Farne den Garaus gemacht. Eine Verletzung, die ich nie für möglich gehalten hätte. Schließlich waren der Farn und mein Erbgarten eins, nichts konnte sie auseinanderbringen – keine Schneedecke, keine andauernde Dürre. Und jetzt das! Ich musste den Farn beerdigen, bei Pflanzen heißt das so viel wie ausgraben und auf den Kompost werfen statt begraben.

Ein hässliches Loch war entstanden inmitten von Efeu und Steinen.

Tagelang streifte ich durch fremde Gärten und versuchte zu verstehen, wie man einen Steingarten anlegt.

Und ich fasste Mut.

Das Wort Bodendecker wollte mir noch nicht so recht über die Lippen, als ich im Gartencenter nach Polsterblumen fragte. Aber der Verkäufer wusste genau, was ich meinte. »Des is dankbar«, »des packt den Frost«, »da hams lang was von«. Solche Sätze sind Balsam für meine Erbgärtnerseele. Auch wenn ich gleichzeitig die Sätze meiner Mutter höre: »Alpinum und Bodendecker kommen mir nur direkt vom Berg ins Haus. Und Bodendecker sind eh was für Grünflächen vor dem Finanzamt!«

Ich gehöre nicht zu den Pflanzensammlern, ich will schnelle Ergebnisse. Ich träume von blauen Blütenkissen innerhalb von drei Wochen. Meine Mutter dachte in Jahren. Manche Schönheit offenbarte sich erst nach ihrem Tod. An den Blick aus dem Jenseits glaube ich aber nicht. Deshalb will ich mir Postmortem-Flora nicht antun. Auch wenn es mir wie Verrat vorkommt. Wie Fastfood gegen Selbstgemacht, wie Instant-Gardening gegen Zen-Greenery. Mit einem Garten muss man Geduld haben, hat meine Mutter immer gesagt. Meine neuzeitliche Geduld jedoch wächst mit den schnellen Erfolgen in meinem Grünort; das macht mich ruhig, zumindest für den Augenblick. Ich fasste also Mut.

Eine vorbeischlendernde Dame im fortgeschrittenen Alter sah mich mit den neu erworbenen Bodendeckern und Alpinumpflanzen hantieren. »Da haben Sie lang was von, die halten Ihnen auch bei Kälte aus und pflegeleicht sind sie obendrein auch noch!«

Ich nickte, setzte Pflänzchen neben Pflänzchen und hoffte, dass meine Mutter es verstehen würde. Meine Instant-Aufhübscher. Die irgendwann einen dichten

Fleckerlteppich an Kleinblütigem ergeben würden. Dicke blaue Kissen im Frühjahr. Kaskaden von blauer Blütenpracht. Schön wie anderer Leute Garten. Novalis konnte nicht irren, die Poesie ist eine blaue Blume. Ich bekam dennoch ein schlechtes Gewissen. Es war wie Kleider nach einem einheitlichen Styleguide zu kaufen. Man konnte nichts falsch machen. Garantierte Blühleistung. Marschbereite Pfadfinder mit blauen Mützen in meinem Garten.

Ich grub die Pflanzen wieder aus und steckte sie in riesige Tonschüsseln auf dem Balkon. Als Minigärten würden sie hier eine Einheit bilden. Und beim nächsten Spaziergang durch Wälder und Auen würde ich Schaufel und Spaten mitnehmen, um Unbekanntes auszugraben, das unzuverlässig blühen würde. Das eventuell anwuchs oder eben nicht. Das Kissen ergeben würde oder lange faserige Stängel. Eins aber garantiert nicht würde: hübsch, berechenbar wie in den Gärten anderer Leute oder vor dem Finanzamt.

Zwiebelwunder

Sie schlummern in der Erde. Jahrelang. Jahrzehntelang. Wie Schlammfische, die von einer Regenperiode bis zur nächsten warten, um für kurze Zeit aus der Versenkung aufzutauchen. Blumenzwiebeln, die großen Geheimniskrämer eines Gartens. Und ganz eigenmächtige Gestalter.

Meine Mutter hatte wohl in irgendeiner gärtnerischen Phase den Traum von einem Blütengarten gehabt. Wer hat ihn nicht? Garten gleich Blüte gleich Farbenpracht.
Nicht wenn man einen lehmigen Boden am Waldrand hat, abschüssig und place to be für Wildtiere aller Art. Jedes Pflänzchen, das nicht robust wie Kirschlorbeer und Brombeere ist, landet im Magen von Rehen oder in den Vorratskammern der Wühlmäuse. Dennoch kam meine Mutter eines Tages mit einem Sack unansehnlicher Pflanzenteile von einem

der seltenen Besuche beim Gartencenter zurück. Es war die Zeit vor dem Internet, denn heute lässt sich der aufgeklärte Gärtner seine Blumenzwiebeln aus aller Welt nach Hause schicken.

Ein beflissener Verkäufer in eben jenem Gartencenter hatte ihr gesagt, dass Zwiebelblumen nahezu überall gedeihen und ja, kraft Verborgenheit, auch für die Fressfeinde schwer zu hamstern sind. Hätte meine Mutter Internet gehabt, hätte sie recherchiert, dass Blumenzwiebeln tatsächlich echt robuste Naturen sind, die fast überall gedeihen. Außer in lehmigen schweren Böden und dort, wo es recht von oben nadelt, eben in Waldnähe.

Meine Mutter hatte also ihre Schätze vergraben. Nachdem sie sie einen Tag lang ordentlich gewässert hatte. Nun musste sie nur noch warten.

Nach ein paar Wochen passierte … nichts. Sie versuchte sich zu erinnern, wo sie die Zwiebeln vergraben hatte. Stocherte an allen möglichen Stellen des Geländes mit dem Finger in der Erde, ob sich nicht ein Spitzchen fühlen ließ. Der Versuch war ganz offensichtlich gescheitert, und ich sah meine Mutter wieder mit Grabschaufel und Plastiksäckchen im Wald verschwinden. Der Natur etwas abtrotzen, schien ihr immer noch die beste Methode, den lehmigen Garten zu vergrünen. Denn was in rauer Umgebung wuchs, würde auch in ihrem widerborstigen Biotop gedeihen.

Im Jahr darauf wiederholte sich allerdings das Ritual der Zwiebelsetzung. Nur kennzeichnete meine Mutter diesmal die Pflanzplätze mit Steinen und schritt die Plätze jeden Tag ab. Alle meine Vorschläge, doch einfach abzuwarten, prallten an ihr ab. Sie sprach ein wenig mit der Erde, unter der sich die Zwiebeln einen lustigen Lenz machen sollten, um aus dem dunklen Verließ herauszuwachsen. Sie streichelte die Erde über den hutzeligen Zwiebelchen, so wie man über Kinderköpfe streicht und ich schämte mich fremd. Nun war es passiert. Meine Mutter hatte eindeutig die Grenze der Wunderlichkeit überschritten. Menschen, die Erde streicheln, reden auch mit Bäumen, was wenige Jahre später zu einem echten Trend unter Sinnsuchenden werden sollte. Aber ich war eindeutig zu jung, um so viel gelebte Spiritualität zu akzeptieren. Wenn ich Besuch bekam, warnte ich meine Mutter, nicht mit diesem Zwiebeldings zu kommen. Und auch Dackel Poldi entpuppte sich als Gartengrobian, als er eines Tages mit einer ausgegrabenen Zwiebel im Maul um die Ecke kam. Die Zwiebel war in erbarmungswürdigem Zustand, nicht nur wegen der Bissspuren spitzer Dackelzähne, sondern auch wegen der Feuchtigkeit im Lehmboden. Schleimig, kurz vor dem Schimmel. Man hätte zauberhafte Voodoo-Puppen aus ihnen machen können, so viel Elend strahlten sie aus.

Als auch im zweiten Jahr keine einzige Blume aus den Erdbewohnern kam, weil vermutlich alle Zwiebeln wie Schrumpfköpfe im Boden versauerten, bekam meine Mutter einen neuen Spleen: Die Veredelung des Bodens! Lehmiges braucht Sand. Sie grub ein wenig an der Oberfläche herum, mischte Sand mit Rindenmulch und behauptete, den Boden aufgelockert zu haben. Ich schwieg, denn meiner Meinung nach hätte man mit schwerem Gerät den Boden metertief abtragen und ein komplett neues Bodengemisch draufsetzen müssen. Eventuell hätte es sogar Drainagen gebraucht, um die Feuchtigkeit abzuleiten. Aber Drainagen hielt meine Mutter immer schon für schweren Aderlass im Garten, eine Methode für Gartenmetzger. Sie wollte den gewaltfreien Garten. Keine Schnecke wurde zerschnitten, allerdings waren die auch selten. Es wuchs ja nichts, was ihnen schmeckte.

Das Paradies hat keinen Ort

Lange braucht der Winter, um sich aus dem Garten zu verabschieden. Es kommen zwar hier und dort schon grüne Spitzen aus dem Boden geruckelt, aber Schneeeinbrüche und klare, streng kalte Nächte verhindern bis weit in den April, ach sogar bis nach Mitte Mai, dass sich im alpinen Umland ein Gefühl der Sommerfrische einstellt. Bis es dann eines Tages, wie aus dem Nichts soweit ist. Ein paar heiße Tage nur, in denen der Mai schon Hochsommer spielt – und die Natur explodiert. Wo noch bis vor kurzem Braun und Hellgrün vorherrschend waren, spendet auf einmal das grüne Füllhorn Überfluss. Der Kirschlorbeer bekommt beängstigend glänzende, schreigrüne neue Triebe. Die Buchen verwandeln sich binnen vierundzwanzig Stunden von dünn ästelnden Hungerhaken zu plüschigen Blattkissen. Die Bodendecker legen an

Kriechgeschwindigkeit zu, und aus den im frühen Frühjahr versteckten Zwiebeln schießen meterhohe Blütenballone, die wie zu schnell gewachsene Kinder nun über dem übrigen Grün herumschwanken und eine schlechte Haltung annehmen.

Der Garten meiner Mutter macht da keine Ausnahme. Es ist eine Pracht. Man könnte schreien vor Glück, wenn die grüne Hölle losbricht. So darf man sie mit leichter Übertreibung nennen, denn außer Eidechsen und Blindschleichen, diversen Singvögeln und Mäusen ist kein Angriff eines gefährlichen Wildtiers zu befürchten. Wenn dieses magische Sommerhöllendatum überschritten ist, zeigt sich der wahre Wert des Naturgärtnerns. Alles, was man behutsam eingesetzt, was man nur notdürftig gestutzt, was sich selbst angesiedelt hat, tritt in einen Wettstreit.

Meine Mutter hat sich dann immer zurückgezogen. Auf ihrer über und über verkrusteten Palette hat sie Ölfarben angemischt und ist schließlich in die produktive Phase des Malens eingetaucht. Tagelang. Sie schuf dann Knubbelbäume mit Eierblättern in tausend Grüntönen. Wiesen, die mit Frühlingsblumen bedeckt waren – vorzugsweise setzte sie die als griffige Farbkleckse einfach auf –, während sich darüber kunstvoll gepinselte Wolkenberge tummelten. Dazwischen siedelte sie immer Menschenmengen an. Oft in

Tracht, viele mit unglaublichen Nasen und Schnurr-
bärten, wie sie im Chiemgau auf jedem Volksfest zu
finden sind. Die Frauen gestaltete meine Mutter stets
als gemütliche Kugeln mit unglaublichem Hang zu
exzentrischen Kleidern. Die Herren traten ausschließlich in Tracht oder Anzug auf.

Meine Mutter war in den späten 1960er und den
1970er Jahren das, was man eine Naive Malerin nann-
te. Sie gewann Wettbewerb um Wettbewerb, die damals für die Laienmaler mit dem Rousseau'schen Pin-
selstrich ausgelobt wurden. Keine Stadt, keine Bank,
kein Unternehmen, das sich nicht mit Ausstellungen
und Preisen brüstete. Das ganze internationalisierte
sich, die Osteuropäer haben eine aus der Volkskunst
kommende lange Tradition der Laienmalerei. Die
Kunst grenzt oft auch an die Art Brut oder an die therapeutischen Arbeiten, die mit der Sammlung Prinz-
horn weite Berühmtheit erlangten. Der Zöllner Henri
Rousseau prägte Ende des 19. Jahrhunderts den Begriff der Naiven Malerei, auch wenn seine Werke alles andere als naiv gemalt sind, und schon gar keine
naive Lebenshaltung bergen.

Nur eines eint wohl alle Naiven: Sie sind keine akade-
mischen Maler. Die Arroganz des Kunstmarkts machte daraus gerne ein Manko, aber meine Mutter störte
das nie. Sie pinselte Monate an einem Bild, das meist

nicht mehr als 50 mal 40 Zentimeter maß. Denn Blatt für Blatt, Blume für Blume, Muster für Muster und Knubbelnase für Knubbelnase mussten auf die Leinwand.

Eines ihrer berühmtesten Bilder ist »Das Paradies«. Damit gewann sie viele Preise und kam ins Fernsehen. Vielleicht weil es an eben jenes Vorbild von Rousseau heranreichte, auch wenn meine Mutter statt Dschungelpflanzen die Fauna des Chiemgau verwendete, Adam und Eva direkt einem Bauerntheater entsprungen scheinen und sich statt einer Schlange zahlreiche Dackel im grünen Unterholz tummeln.

Meine ziemlich ungläubige Mutter hatte ein Faible für Urwälder, und wenn ich mir ihr Gartenvermächtnis so ansehe, dann hatte sie wahrscheinlich einen Gedanken: dass hier eigentlich das Paradies sein könnte. Vielleicht war das naiv, aber dann passte ihr Stil ja. Schließlich brauchte auch Rousseau lange, um sich die Ehrfurcht der Pariser Salons zu erarbeiten. Dann allerdings wurden Breton, Appollinaire, Picasso und Frida Kahlo, Kandinsky und Leger auf den romantischen Realisten aufmerksam, ehrten ihn und nahmen ihn in ihre Mitte auf.

Heute hängen seine Bilder weltweit in den großen Museen und entfachen wie einst den Zauber einer anderen Welt, in der Menschen, Pflanzen, Schiffe, Tiere wie aus einem Material scheinen. Pastose Farben, große Genauigkeit und ein gewisser Ernst im Ausdruck. Die Bilder meiner Mutter hängen bei mir. In dem kleinen Haus inmitten des kleinen Erbgartens. Die markanten Gesichter, die meine Mutter malte, finde ich auch heute noch auf den Volksfesten hier im oberbayerischen Umland. Und die Pflanzen wachsen schöner denn je, fast so schön wie auf den Bildern meiner Mutter. Denn sie haben sich entwickelt, wie es meine Mutter vorausgemalt hat. Ein Dschungel mit klar konturierten Blättern in tausend Grüntönen, mit Strukturen wie gemalt und einer Aura wie aus einer anderen Zeit. Man könnte sie vielleicht als paradiesisches Zeitalter sehen. Wann immer es war oder sein wird. So schnell kann auch aus einer Hölle ein Paradies werden. In der Kunst liegen die beiden Extreme dicht beieinander – in meinem Garten auch.

Wenn ich heute mit der Kamera durch mein grünes Panoptikum streife und versuche, die Formen und Farben festzuhalten, gelingt mir nicht im Entferntesten eine solche Magie wie sie die Bilder meiner Mutter ausstrahlen. Sie haben bis heute keinerlei Patina und könnten in jedem Museum hängen, weil sie eine Botschaft haben: Fange einen paradiesischen Augenblick ein und werde noch lange damit glücklich.

Die fette Henne

Ich hatte eine Weile zu viel zu tun gehabt, so viel, dass an Gartenarbeit gar nicht zu denken war. Schließlich war ich keine geborene Gärtnerin, mein grüner Daumen musste erst noch wachsen, und das geerbte Grün verunsicherte mich. Noch mehr berührte mich allerdings, dass ich Mamis Erbe verschlampen ließ. Manche Pflanze zeigte sich verstört und verängstigt, knickte und welkte, wuchs borstig statt flauschig, und das Gesamtbild war insgesamt ein wenig zerzaust. Irgendwie schien jedes Grün Abstand zum anderen zu brauchen, nichts verband sich mehr harmonisch mit dem nächsten, sondern bildete nur grüne Flecken. Der Garten glich einer Camouflagehose.

Ich wollte auffüllen. Und haderte wie schon so oft mit Standort (halbschattig bis schattig), Lage (Hang), Boden (lehmig oder steinig) und meinem gärtnerischen Unwissen.

Ich machte eine Liste, was die neue Pflanze sein soll-te: immergrün, winterhart, üppig, ohne zu klam-mern, für magere und fette Böden geeignet, auch in der Schräge wachsend, nicht an regelmäßige Gieß-rituale gebunden, anspruchslos, was das Zurück-schneiden betrifft, und auch im Topf zufrieden. All diese Eigenschaften sollte eine Pflanze mitbringen, wenn sie in meinem Erbgarten, den ich nicht regel-mäßig besuche, überleben wollte.

Lange hatte ich gedacht, dass es so eine Pflanze nicht gibt. Bis ich eines Tages mit genau diesem Steckbrief einen Serviceman in einem Gartencenter befragte. Der Mann, eher ein Männlein, war weder überrascht über mein Ansinnen, noch um eine Antwort verlegen: »Fetthenne«, bellte er heraus, und ich war kurz da-vor, ihm eine unverschämte Antwort zu geben, als er nachsetzte: »Da kann man gar nichts falsch machen. Selbst wenn das mal an einem Standort nicht klappt. Graben Sie sie aus und setzen sie woanders hin. Ge-lingt garantiert. Und machen Sie sich im Herbst ei-nen schönen Blumenstrauß mit den Stängeln. Nach ein paar Tagen wachsen denen in der Vase Wurzeln, und Sie können die neu aussetzen. Und lassen Sie das mit dem Düngen, das braucht die nicht.«

Ich wollte noch nicht so recht daran glauben, dass es eine Allroundpflanze tatsächlich gibt und ließ mir den Weg zur Fetthennen-Abteilung zeigen. Das Männlein kam gleich mit, er hatte sich warm geredet über das *Sedum*, den Mauerpfeffer, diesen Alleskönner, den es wohl auch noch in jeder erdenklichen Wuchshöhe gibt und der rund 430 Arten umfasst, wobei nur 100 in unseren Breitengraden gedeihen. Also das beruhigte mich dann doch, dass dieser Tausendsassa eine Schwachstelle hat.

Allerdings war auch die Wahl aus dem eingeschränkten Angebot nicht einfach, denn diesen Alleskönner gab es in teppichartig bis Staudenhöhe, in fleischblättrig bis rosenblütig.

Ich erstand einige Pflänzchen, die so vertrauensvolle Namen trugen wie *Sedum spectabile* oder *Sedum robustum* und schleppte die Schätze in meinen Garten, der mich mit seinen Camouflageäuglein ansah, als wollte er sagen: Und das soll es jetzt richten?

Ganz genau, meine neuen Schützlinge sollten es richten. Ich pflanzte dazwischen und dort, wo nie etwas anwuchs, und an Stellen, die ich schon längst aufgegeben hatte.

Jahre später sollte ich mich noch an meinen Erste-Hilfe-Versuch mit Fetthennen erinnern. Denn die Pflanzen hielten, was das Männchen versprochen hatte. Sie gediehen prächtig und ohne Anstrengung

meinerseits. Mittlerweile nisten sie auch an unge-
planten Stellen, und das geübte Gärtnerauge bleibt
daran hängen, Stirnen werden in Falten gelegt und
mit dem Finger wird gelegentlich tadelnd drauf gezeigt. Denn an der Fetthenne offenbart sich der Gar-
tenlaie, die grüne Nulpe, das Greenhorn des Greens,
die, die für jede andre Spezies zu blöd, zu faul oder
zu unerfahren sind. Fetthennenbesitzer sind die
Schlusslichter unter den Gärtnern. Das hatte das
Männchen verschwiegen. Dass man noch Jahre später sehen würde, wie dämlich ich mich mal ange-
stellt hatte.

Der Wal und der Akrobat

Ein Körper wie ein kleiner Wal, auch die Färbung – irgendetwas zwischen Atlantikgrau und blauem Metall, dazu allerdings Geräusche wie von einer Kuh auf der Sommerweide – und das mitten in meinem Garten. Was ich zunächst für einen Miniriesensäuger gehalten hatte, bekam bei näherem Hinsehen einen Schnabel, so orange wie die Blüten meines Knöterichs. Aus dem seit Längerem nicht mehr geschnittenen Gras erhob sich ein Köpfchen unverhältnismäßig klein im Gegensatz zum bulligen Körper. Am Hals trug der dicke Vogel eine weiße Blesse, ein Band aus Weinrot und Dunkelgrün wand sich da. Das Tier ließ sich nicht stören und fraß sich mit sichtlichem Appetit durch meinen verkrauteten Rasen. Wie so ein plumper Vogel wohl weite Strecken fliegen konnte? Nichts an ihm war elegant – außer dem Köpfchen, das mit einer gewissen Frechheit sehr selbstbewusst durch meinen Garten pflügte, gefolgt von seinem Dampfwalzenkörper.

Mir war völlig klar, dass ich es mit einer stinknormalen Ringeltaube zu tun hatte. Aber zum einen war sie so untypisch mutterseelenallein angereist, und zum zweiten benahm sie sich wie Weidevieh. Auch von meinen fotografischen Belästigungen ließ sie sich nicht stören. Manchmal verharrte sie, poste wie in Handyzeiten üblich, um dann mit unverminderter Heftigkeit weiterzuäsen.

In meinem Garten sind tausend Blüharten auf einem Quadratdezimeter zu finden. Kein Halm gleicht dem anderen, und das gut handhohe Gras schien dem fliegenden Wal gerade gut zu gefallen. Er sah exotisch aus, obwohl Ringeltauben so ziemlich das Häufigste sind, was wir in Europa an Gartenvögeln haben. Kein Park, kein Grünstreifen, keine Vorortsiedlung ohne die gurrenden Graufedern.

Meine Taube rupfte sich eine halbe Stunde oder noch länger durch meinen Garten. Mal tauchte das Köpfchen hier auf, mal dort; wenn sich die Gräser zur Seite bogen, lugte erst der orange leuchtende Schnabel hervor, meist mit heraushängenden Gräsern rechts und links. Dann schob sich der Fasskörper hinterher und ließ den Vogel wie einen Komiker wirken. Büschelweise Gras im Schnabel, der schnell drehende Kopf auf einem grauen Gebirge.

Vermutlich hätte meine Mutter sofort eine weitere Vogeltränke angebracht, auch wenn keine Ecke im Garten ohne ist. Kleine Steingutbecken, in denen sich Meisen, Sperlinge und Amseln suhlen können. Faustgroße Kiesel, die aus dem Wasser ragen, damit die alljährlich ziehenden Jungfrösche wieder herausfinden. Etwas größere Gefäße, die von Farndächern überwölbt sind, und ganz große Becken aus Plastik, die kleine Inseln aus Felsen in sich tragen, auf denen nicht selten Meisen ihre Federn trocknen, obwohl doch die großen Becken für Wale wie die Ringeltaube vorgesehen sind.

Meine Ringeltaube machte allerdings nicht den Eindruck, dass sie ein Bad benötigte. Vermutlich war sie auf der Durchreise, denn sie hat sich nach diesem frühabendlichen Besuch nicht wieder blicken lassen. Aber wenn die Proviantaufnahme in meinem Garten gut war, wird sie sich ja vielleicht auf der Rückreise daran erinnern und vom Herbstgras einen kräftigen Bissen nehmen.

Keine zwei Tage später bot sich mir ein anderes Bild. Mein kleines Erbhäuschen hat hohe Scheiben. Die sind zwar nie recht geputzt, weil auch bei der Fensterreinigung mein Prinzip des Naturwischens gilt, aber dennoch können sie spiegeln. Zu viel Glas im zu dichten Wald. Die Architekten der späten 1960er Jahre hatten visionäre Vorstellungen von modernem Hüttenzauber, aber wenig Ahnung von naturgerechtem Bauen. Immer wieder verfliegen sich Vögel an diese Scheibe. Mit einem dumpfen Plopp rumpeln die zarten Federkörper ans Glas, benommen bleiben die kleinen Pieper liegen, im besten Fall. Wie oft habe ich schon steife Vogelleichen entsorgt! Oft lege ich sie im Wald ab, in der Hoffnung, dass sie zumindest nicht umsonst gestorben sind und ein Fuchs, Schnecken, Marder oder gar die gefräßige Spitzmaus noch etwas von dem kleinen Federball hatten.

Kurz nach der Ringeltaubenvisite flog wieder so ein kleiner Federball gegen die Scheibe und fiel wie ein Stein auf die bemoosten Planken meines Balkons. Ich schloss sofort die Balkontür, um die Neugierde meines Hundes zu bremsen.

Der kleine Vogel lag benommen auf dem Rücken, atmete heftig. Ich hatte trotz der vielen Verkehrstoten an meiner Glasscheibe das Geschehen nie live mitbekommen, hatte immer nur die sterblichen Reste gefunden.

Was hätte meine Mutter in so einem Fall getan? Ich ahnte es. Sie hätte den kleinen Patienten in eine mit

Kleenex ausgestattete Schuhschachtel gelegt und wäre zum nächsten Tierarzt gefahren.

Ich hingegen fragte Tante Google. Vogel – fliegt – gegen – Scheibe, mehr musste ich in die Suchleiste nicht eingeben, um 116 000 Treffer zu erzielen. Schon beim ersten, der Seite vom NABU, dem Naturschutzbund Deutschland, wurde ich fündig. Kleine Anamnese des betroffenen Patienten: Liegt, atmet heftig, will sich umdrehen. Das alles hatte mein Vögelchen. Nicht helfen, erst mal liegen lassen. Erholungsphase, könnte zwei Stunden betragen.

Es war 18 Uhr, und eine Art verspätete Eisheilige hatten den frühen Junitag zu einem ungemütlichen Spätwintertag gemacht. Mit Abnahme der Sonne zog die Temperatur an. In zwei Stunden wäre mein Vögelchen erfroren gewesen, es plusterte sich schon, eine zusätzliche Anstrengung für den kleinen hübschen Kerl, von dem ich Ahnungslose der Vogelwelt noch nicht einmal den Namen kannte.

Wieder Google. Dunkelgraue Decke, goldbraune Brust, eine Art umgedrehte Schiebermütze auf dem flachen Köpfchen mit dem superspitzen Schnabel. Die kleinen gefiederten Freunde unserer Gärten, mein Gott, wie viele Seiten gab es zu dem Thema, wie viele gestandene Männer beschäftigten sich mit den kleinen Luftikussen! Witzigerweise wirklich fast nur männliche Fachleute. Die Ornithologie scheint ein gendermäßig streng reglementierter Bereich zu sein. Ich spekulierte. In der Vogelwelt sind ja die Männchen stets die Hübscheren. Vielleicht hing es mit einer Art Solidarität zusammen oder ganz einfach mit dem Hyperkindchenschema, das so ein kleiner Vogel aussendet?

Mein Patient hatte es in der Zwischenzeit von der Rückenlage auf den Bauch geschafft. Die Beinchen staksten zitternd zur Seite.

Ich suchte wie besessen nach der Artenbeschreibung, als ob das dem Kerlchen geholfen hätte. Nicht anfassen, wenn es keine sichtbaren Verletzungen hat und es heftig atmet, dann hat er wahrscheinlich eine Gehirnerschütterung. So der Rat aus dem Netz.

Von den angedeuteten zwei Stunden Erholungszeit war eine herum. Ich hatte die Daunenjacke angezogen und hockte neben meinem kleinen Kleiber. So viel hatte ich dann doch herausgefunden, dass es sich hier um ein Jungtier des sehr speziellen Baumturners handelte. Kleiber können Baumstämme kopfüber herunterlaufen. Außerdem ist der Kleiber ein Mietnomade. Spechthöhlen bezieht er zum Brüten des eigenen Geleges und kleistert die Eingänge so zu, dass der Nachwuchs nicht herauspurzeln kann, aber Mama und Papa noch gerade so hineinkommen. Mit einem Baustoff aus Speichel und Lehm verhindert der Kleiber auch den Zugriff von Krähen und Mardern. Diese handwerkliche Schnabelleistung hat ihm auch den Namen eingebracht. Im Mittelhochdeutschen war ein Kleiber ein Handwerker, der Lehmwände hochzog.

Eine Lehmwand hätte ich jetzt auch gerne hochgezogen, rund um mein schwer atmendes Kleiberchen, das sich allmählich beruhigte. Ich fing schon einmal an, eine Schachtel mit Luftlöchern zu basteln. Ungeschützt konnte ich ihn nicht die Nacht über draußen lassen. Von Nachbars Katze bis hin zum Marder wäre er der Gabelhappen zur Nacht geworden, hätte er nicht zuvor schon aufgegeben.

Als mein papierenes Vogelkrankenhaus fertig war, ging ich zu ihm. Wollte ihn ganz vorsichtig anfassen, hatte auch schon eines seiner goldbraunen Brustfederchen berührt, die im Abendwind in tausend Gelbtönen spiegelten, als das Kerlchen sich in die Lüfte erhob, etwas zielungenau noch, aber hoch genug, um in einem Baum Schutz zu finden. Gerettet. Kleiber kommen vorzugsweise in der Nähe alter Buchen vor. Ja, sie sind Signalvögel für alte Laubbaumbestände und waren aus diesem Grund Vogel des Jahres 2006. Dabei sind sie gar nicht selten, aber eben bemerkenswert. Dieses Kopfüberlaufen scheint ein Kleiberspezifikum zu sein. Und auch, dass er sich nach Begegnungen mit einer Scheibe erst einmal ein paar Minuten kopfüber an einen Ast hängt. Tante Google weiß das alles.

Ich konnte nur hoffen, dass die Selbstheilungskräfte meinem Kleiber auch einen kleinen Felgaufschwung am Ast gestatten würden.

Wenig später hörte ich ihn rufen. Auch das hatte ich gelernt in meinem Minibiotop mit der potenten Internetleitung. Ruffreudig, laut und reich an Melodien ist der Kleiber. Zwischen zit, twet, wiiü, djüdjü-DJÜ ist alles drin, in lockerer Folge. Und ich war um des Kleibers Willen, dem alten Akrobaten, plötzlich ganz froh über meine mächtigen Buchen, die mir die Sicht versperrten, den Garten volllaubten und mich mit Bucheckern bewarfen. Meine Spechtmeise, wie der Kleiber im Volksmund heißt, hatte hier sicher eine Baumhöhle, in der er seinen Brummschädel auskurieren konnte. Und aus mir würde trotz des falschen Geschlechts vielleicht noch ein passabler Vogelerkenner werden.

Ein Gast mit Anspruch

Eine Blume kann einen Balkon verändern. Wie ein Bild einen Raum. Du stellst das neue Blümchen in seinem scheußlichen Plastiktopf ab. Augenblicklich beginnen die übrigen Töpfe am Balkon zu rotieren. Nichts harmoniert mehr. Häng ein Bild auf und danach zehn andere um.

So ging es auch mit *Solanum*. Das kleinblütige Stöckchen kam eines heißen Morgens zu uns. Natürlich kam Solanum nicht selbst, sie kam mit. Davor hatte sie faltig auf der Straße gestanden. Man hatte sie beim Bepacken eines Autos wohl vergessen. Warum auch immer. Vielleicht hatte sie nicht mehr hineingepasst. Stöckchengewächse sind Züchterglück und nur selten genormt. Sie ragen hoch und gehen im Weg rum. Dafür bringen sie in die Balkonoptik die Senkrechte. Solanum, das Penthausblümchen.

Ihre Blätter sehen auch im Normalzustand ein wenig papieren aus. Angetrocknet als Findelblümchen ist der Anblick ein jammervoller.

Die Elendspflanze wurde also auf unserem Balkon geparkt. Wir hängten Zettel auf. Solanum gefunden. Wie ein Kätzchen gleichen Namens oder ein Hund. Nach zwei Tagen Gießen und Warten hatte sich niemand gemeldet. Dafür war Solanum bereits in der Phase des Wohlgefallens angekommen. Sie hatte sich entknittert und war zu einer filigranen Beauty geworden, der man keinen Wunsch abschlagen konnte, auch nicht die Wahl des Standorts. Mein lang gedienter Lavendel, der schon so manchen Sommer stramme Hitzeblüten getrieben und im Herbst als Trockensträußchen die Wäsche parfümiert hatte, musste weichen und machte es sich dann zwischen Margeriten und Bartnelken nett. Rosa lila rosa.

Solanums Äste aber streckten sich in die frei werdende Lücke wie Synchronschwimmerinnen zu ihrer unhörbaren Melodie. Bald legte das Grün der ovalen spitz zulaufenden Blätter einen Zahn zu, genauso wie das Blau der Blüten und das Gelb der winzigen Stempel. Sie machte jetzt Bella Figura und verteidigte ihren Platz gegen Neuankömmlinge. Fast konnte man meinen, sie war eifersüchtig, denn sie konnte ihre Blüten schlagartig schließen und die Ästchen hängen lassen. Blumen können sehr standorttreu sein und manche verzeihen einen Umzug nie. Vielleicht war sie mit Absicht am Straßenrand stehen geblieben. Wer weiß das so genau? Hier machte sie jedenfalls den Eindruck, sehr genaue Vorstellungen von ihrem Platz in der Welt zu haben. Und ich hatte mit anderen Mitteln die Tradition meiner Mutter, Findelgewächse zu hegen, fortgesetzt.

Das Karmakraut

Vielleicht hätte meine Mutter einfach gar nichts gemacht. Aber als sie in ihrem Garten ungebetene Gäste zum Bleiben einlud, gab es diesen Bewohner schließlich noch nicht. Auch wenn er schon Mitte des 19. Jahrhunderts nach England zur Gartenverschönerung eingeführt wurde und von dort aus seinen Siegeszug über Europa antrat.
Mittlerweile hat das Japanische oder auch Indische Springkraut Bayern fest im Griff. Und wenn ihm bisher Auen und feuchte Wegsäume genügt haben, so scheint es inzwischen besonders Naturgärten zu lieben. Das ist die Kehrseite eines solchen Gartentyps. Man kann sich wie ein Förster mit großem Wachstum herumschlagen, das alles andere verdrängt.
Vor drei Jahren sind mir die langen Stängel aufgefallen, da waren sie schon zur wahren Größe angewachsen, zwei Meter hoch überragten sie den Frei-

sitz, verströmten den Duft schweren orientalischen Parfüms und spuckten ihre Samen in der Gegend herum, kaum dass ein Windhauch ging. Damals dachte ich mir nichts, fand die Blüten schön und konnte mit dem Volksnamen Bauernorchidee gut leben. Bauernhortensien sind ja schließlich auch die burschikose Verwandte einer Pflanze, die aus Japan kommt. Allerdings scheint bei der Benimmerziehung des Springkrauts einiges schiefgelaufen zu sein. Das zunächst zartstängelige Gewächs kann man am einen Tag per Hand ganz leicht aus dem Boden ziehen, am anderen Tag haben neue Stängel den Platz eingenommen und wedeln unschuldig mit ihren rund angeordneten Blättern.

Ich machte mich schlau und stieß auf absurde Bekämpfungsmethoden. Niedertrampeln, abbrennen, niemals verkompostieren. Am besten vor der Blütezeit im Juli Stängel für Stängel ausreißen und in der Sonne auf Asphalt trocknen lassen, damit die Wurzeln auf keinen Fall die Möglichkeit haben, sich neu zu verankern.
Das kann es nämlich, das Springkraut.
Ich hatte die eigentlich hübsche Pflanze die ersten Jahre machen lassen, was sie wollte. Als Naturgärtner soll man ja erst einmal zusehen, was so passiert.

Nach drei Sommern eingeschränkten Wachstums an nur einer Stelle im Garten bekam das Springkraut offensichtlich Wandergelüste. Mitten in der Wiese, am Waldrand, zwischen den Bodenplatten des Freisitzes, zwischen den mühsam angeschleppten Kieseln auf meinen Wegen – kurz überall spitzten die kleinen Stängel hervor. Und an den angestammten Plätzen räkelten sich schon Anfang Juni daumendicke Stängel mit Riesenblättern.

Wollte ich einen Garten nur mit Springkraut?

Ich recherchierte, was sich mit der Pflanze Vernünftiges anstellen ließe.

Die Kapseln kann man rösten und als exotischen Salatverbesserer nutzen. Mit genügend Kapselmaterial lässt sich Öl pressen. Die Blüten ergeben Hennawirkstoff zum Haare färben. Und der Saft der Pflanzen taugt anscheinend zur Bekämpfung von Insektenstichen.

Ich musste eine Entscheidung treffen. Wollte ich a) rote Haare?, b) brauchte ich Springkrautöl?, c) wollte ich Springkrautbäuerin werden?

Nur die Sache mit den Insektenstichen schien mir nützlich, dennoch fand ich einen ganzen Garten als Antihistaminquelle übertrieben.

So schwer es mir fiel, ich musste dem Springkraut an den Kragen, schon allein, weil mein naturnaher

Garten bei den gärtnernden Nachbarinnen seit Langem auf der, um im Ton zu bleiben, hennaroten Liste stand. Mit dem Aufkommen der ersten Springkrautkolonien war unser Verhältnis mehr als angespannt. Alle meine Argumente, dass das Springkraut aus jedem Garten ein bienen- und hummelfreundliches Biotop machen würde, verfingen nicht. Das Springkraut war des Teufels, und alle Nachweise, dass der starke Zuckergehalt in Blüten und Stängeln wirklich ein Softdrink-Hot-Spot für Insekten wäre, machte mir keine Freunde. Das Springkraut isolierte nicht nur meinen Garten von der übrigen Vegetation, es isolierte auch mich. Ich hatte es übertrieben mit meiner Philophytis, hatte zu vielen ungebetenen Gästen Aufenthalt gewährt.

Schweren Herzens bin ich schließlich nach drei Jahren Duldepolitik im späten Frühjahr dem Springkraut zu Leibe gerückt, habe es Stängel für Stängel ausgerupft, Tag für Tag, siehe oben.

Doch das Springkraut ist eine Hydra, um es mythologisch zu fassen. Oder positiv ausgedrückt: Der Neophyt aus dem Ursprungsland Indien verkörpert das Prinzip der Reinkarnation. Wachsen, Samen versprühen, sterben, neu wachsen. Vielleicht ist es Karma, das Springkraut gewähren zu lassen? Vielleicht sind Springkräuter – stimmt dieser Plural? – wandernde

Seelen? Auf der Suche nach der Verbesserung ihres Karmas, wer weiß das schon so genau?
Ich befürchte nur, dass auch dieser Interpretationsversuch mir meine gärtnernden Nachbarinnen nicht gewogener macht. Ganz im Gegenteil, sie werden noch mehr an meinem Verstand zweifeln, wenn ich das Springkraut als pflanzliche Metapher für das hinduistische Glaubensgerüst betrachte.

Meine Mutter hätte sich vermutlich weniger Gedanken zu Weltreligionen gemacht. Sie hätte das hoch aufschießende Springkraut in eines ihrer Paradiesbilder integriert und der Pflanze endlich einmal künstlerische Wichtigkeit verliehen. Denn bitte, wo in Europa haben wir Pflanzen, die innerhalb eines Monats auf zwei Meter Höhe schießen? Ein wenig höhere Gewalt kann man da schon unterstellen.

Gartenknigge

Es schießt aus unmöglichen Ritzen, besetzt Flecken, die bislang nur dem Gras gehörten. Es ist übergriffig, großblättrig, raumgreifend und einfach nur da. Es nimmt sich, was es kriegen kann, klammert sich an, unterwandert, besiedelt aufsässig und gibt dem Wort Verdrängungswettbewerb ein Bild. Indisches Springkraut.

Im Garten meiner Mutter hätte es das nicht gegeben. Unverdrossen nahm sie mit einer kleinen Küchenschere den Kampf auf gegen zu aufmümpfige Pflanzengäste. Jeden Tag, konsequent.
Ich bin das nicht. Weder in der Erziehung meines Kindes noch in der Erziehung meiner Pflanzen. Ich habe zu meinem Erbgarten ein antiautoritäres Verhältnis. Ich lasse wachsen. Manchmal mit erstaunlich kreativem Ergebnis. Ein anderes Mal mit Schrecksekunden.

Das indische Springkraut, wie hatte es sich bis zum Balkon vorarbeiten können? Ich hatte erste Vorboten doch auf Anraten noch vor der Blüte mit Stumpf und Stiel ausgerissen.

Man wird sich schlau machen müssen über diesen invasiven Aufdringling, der mit seinem wasserhaltigen Stämmchen ein physikalisches Phänomen ist. Saftig wie frischer Rhabarber, dabei leicht wurzelnd, und dann immer noch in der Lage, lockere zwei Meter fünfzig zu erklimmen, um sich an seinem oberen Ende stark duftend in violette Kelchblüten zu ergießen. Jahr für Jahr aufs Neue. Keine der Pflanzen überlebt oberirdisch eine kalte Zeit. Die dünnwandigen Stämme platzen bei Frost und zauseln am Ende ihrer Tage wie falbes Schilf knapp über dem Boden, wo sie zu raschelnden Überträgern neuer Samen werden.

Gut, wir hatten uns die vergangenen Jahre arrangiert, das Springkraut und ich. Es durfte ein bisschen sprießen, dann kam ich mit Handschuh und Plastiksack und zog die jungen Triebe aus der Erde. Warum auch immer keine drei Wochen später an anderen Stellen mächtige Geschwister des Balsaminengewächses schon quasi den ersten Stock erreicht hatten, ist mir ein Rätsel geblieben. Ich konnte dann nur für Schadensbegrenzung sorgen. Da und dort musste ein urzeitlich anmutender Springkrautstamm weichen. Woanders ließ ich duften. Das Leben ist ein Tauschgeschäft. Bei der Kindererziehung hat dieses Prinzip ganz gut funktioniert. Vernünftiges Behavior – prima Stimmung. Ätzendes Herumblöken – miese Folgetage.

Beim Springkraut versagt der basismerkantile Ansatz. Es schert sich einen Dreck drum, ob ich vor ihm herumhüpfe und mit der Zwickzange drohe. Ungerührt nimmt es zur Kenntnis, dass ich seine Jungen ausmerze, wenn noch genug Personal in den erdigen Startlöchern steht, um mir eine Woche später zu zeigen, wo der Gärtner seine Harke hat.

Wie gesagt, bei meiner Mutter hätte es das nicht gegeben. Ihre erzieherischen Ansichten waren allerdings auch handfester, wie das Vorkriegsgeborenen noch in die Wiege gelegt war.

Mir wurde trotz manchmal vorsintflutlichen Erziehungsmaßnahmen der Geist der 68er eingebimbst. Zahlreiche freestylende Lehrer, Begegnungen mit weitgereisten Freigeistern haben den Move der Hippiebewegung ziemlich wach gehalten, obwohl ich kein Hippie bin. Zu erfolgsorientiert, zu gerne gut und solide lebend, zu ängstlich vor morphinen Grenzerfahrungen, zu spießig für die radikale freie Liebe, zu classic old fashioned für neue Lebensentwürfe. Das übernehmen meine Pflanzen, die schon sehr machen, was sie wollen.

Neuerdings habe ich also neben dem Indischen Springkraut ein paar neue Bewohner im Garten, die offensichtlich mein laxes grünes Däumchen schätzen. Spirit of free gardening, oder chill it green. So werde ich meine Art zu Gärtnern nennen, denn wenn die Dinge einen Namen haben, sind sie schon auf dem Weg zum Trend.

Diese Neuen sind genau wie das Springkraut Turbopflanzen. So nennt man schnellwuchernde, optisch eigentlich dekorative Vegetation, die dem Fleck, an dem sie haust, ein neues Gepräge gibt. Eine Art Mammutpflanze, wie wir sie aus Irland kennen, wo sie in den Zeiten der großen Pflanzensammler aus Südamerika eingeschleppt wurde. Dort hat sie weite Teile von Arboreten besetzt, sie umzingelt Botanische Gärten, heftet sich an die Rückseite von Burgen und Schlösser und trumpft mit derart präpotentem Gehabe auf, wenn die Samen phallisch herausschießen, dass einem angst und bange werden kann.

Mein neu zugezogenes Riesenblatt hat das Zeug zu so einem vorlauten grünen Schreihals. Am Boden knuddelt es noch mehrstielig in einem Wurzelballen, doch dann zerstäuben die Stiele in alle Richtungen und münden in tischtuchgroße saftige Blätter. »Saftig« ist das Stichwort, denn für die Schnecken ist dieser Mammutrhabarber eine gigantische Shoppingmall. Die eigentlich interessanten giftgrünen Blätter bekommen dann über Nacht eine Perforation und machen so einen liederlichen Eindruck. Echt runtergekommen, dabei aber immer noch zu groß, zu laut, zu unbeherrscht. Wie einst strahlende Menschen, denen die Zeitläufte, schlechtes Wirtschaften und gewisse Genusssucht gelbliche Zähne, fleckige Haut und strähnige Haare eingebracht haben.

Die Mammutschönheiten sehen dann aus wie Meth-Opfer. Innerhalb kürzester Zeit verlieren sie die Spannkraft, den Tonus. Sie hängen nur noch zerlumpt rum. Das mag ich nicht. Für Gäste gilt ein Benimmcode. Man ist ja auch bei den Kindern darauf bedacht, dass zumindest beim Besuch in anderen Familien die einfachsten Benimmregeln ungefragt angewendet werden. Wie gesagt. Wer der Hippie-Education anhängt und dem Sprechen mit Pflanzen und Umarmen der Bäume etwas abgewinnen kann, steht manchmal trotzdem fassungslos vor ungezogenem Grün. Wie die Eltern, die immer alles zum Besten des Kindes gemacht haben und sich dann auf der Polizeiwache wiederfinden, weil der Kleine ein veritabler Dealer vor dem Herren ist.

Meine neuen Pflanzentypen sind undankbar meinem liberalen Gärtnern gegenüber. Das Prinzip Tauschgeschäft geht ihnen am grünen Arsch vorbei. Sie nehmen sich alles. Wie eine alte Rache: »Mensch, du bist in uns, der Natur, heimisch geworden, nicht wir Pflanzen in eurer menschlichen Welt. Wie sind älter, das Morphische bestimmt unsren Sound, wir begrünen dich, aber auf unsre Art.«

Man muss, man sollte darüber nachdenken. Klar will ich nicht, dass mein kleines Haus wie in Dornröschen irgendwann im Chlorophyll verschwindet. Aber dieses Überraschungsmoment, das beim Laissez-Faire-Gärtnern entsteht, kann ein philosophischer Ansatz sein. Wie gehe ich mit spontanen Entwicklungen um? Was macht mich wütend, was nicht? Kann man sanft korrigieren, oder muss es die Keule sein? Wer darf rein, wer darf bleiben, wer muss raus. Der botanische Denkansatz zieht weitere Fragen nach sich. Wer erzieht wen? Wer ist der Bestimmer? Oder gilt das Prinzip Tauschgeschäft immer noch?

Ich lerne viel von meinen Pflanzen in Sachen Durchsetzungsvermögen, Kräftemessen, Verschwendung, Verdrängung, Kommunikation, ja sogar Magie. Ich habe keine Ahnung, ob sie von mir was annehmen, obwohl ich mit ihnen spreche und versuche, ihnen die Sache zu erklären. Also das mit dem Ausreißen und Abschneiden, Stutzen, Versetzen oder gar Entwurzeln.

Ebenfalls ein Dauerthema bei uns: Hier darfst du wachsen, dort nicht. Manche scheinen echt sensible Zellmembranen zu haben, denn ich sehe sie im Jahr darauf tatsächlich dort, wo ich sie haben will.

Andere haben den Schuss nicht gehört und müssen meine dunkle Seite kennenlernen. Die mit der Heckenschere, dem Bodenstecher, dem Hackebeil und Häcksler. Ich leide dann, weil saftiges Grün abschneiden wie Aderlass ist. Aber der Urwald ist eben doch woanders. Nur wenn ich manisch jeden Tag schon vor dem ersten Kaffee mit der Küchenschere in den Garten eile, rasselt der Alarmknopf. Jetzt wirst du wie deine Mutter.

Sie hat es dennoch anders gemacht. Ein jedes gärtnert als das Kind seiner Zeit. Heute ist nun mal Flexigardening angesagt. Das müssten auch meine Pflanzen verstehen, die mir bisweilen etwas undankbar scheinen in ihrer Übergriffigkeit. Das mit dem Tauschgeschäft, hier Lässigkeit dort Mäßigung, haben sie irgendwie noch nicht ganz verstanden.

61

Geräusche und Lichter

Kein Garten ohne Tiere, kein Erbgarten ohne Seelentiere. Meine Mutter hatte ein inniges Verhältnis zu so gut wie allen Tieren. Vögel wurden Tränken an allen Ecken des Gartens hingestellt. Mal steinerne Schalen, mal schnöde Plastikbecken, die sich im Lauf der Jahre zu zentralen Feuchtspendern für Farnpopulationen mauserten. Ausrangierte Keramik durfte Amselwanne werden. Heute noch finde ich in entlegenen Grünreservoiren des leicht unübersichtlichen Gartens Schalen, bis zum Rand gefüllt mit Regenwasser. Und das nach heißen Monaten oder trockenen Herbsten.

Ich nehme an, dass ganze Generationen von Vögeln das geheime Wissen der Wasserbecken weitergegeben haben. Und ebenso die Amphibienwelt, die im Garten eine ausgedehnte Kindertagesstätte unterhält. Bei jedem vorsichtigen Fußtritt über den ziemlich rauen Rasen hüpfen bis in den Sommer hinein kleine Frösche und Kröten auf der Flucht vor dem vibrierenden Menschenschritt ins sichere Laub. Schnecken mit allen Häuschenfarben bevölkern die Steinstufen, wenn ich morgens mit dem Hund aus dem Haus komme. Sie dürfen hier herumschleimen, denn ich habe mittlerweile nichts mehr im Garten, was Schnecken schmeckt. Vermutlich ist hier einfach genug kühler Grund, um die Tage zu überstehen, bevor sie in Nachbars Garten die ewigen Versuche, Salat zu ziehen, vereiteln. Meine Mutter hatte auch Scheu, die Spinnennetze zu entfernen. Ich hadere zwar bei jedem Netz, finde aber vollkommen einge- sponnene Fenster und Türen eklig und kehre es dann doch weg. Alle paar Wochen. Je mehr ich kehre, desto mehr wird gesponnen. Ich glaube, wir haben eine Art Kommunikation.

Die gibt es auch abends, wenn mein Hund vom si- cheren Balkon aus in den Wald guckt, unbeweglich, stundenlang. Dann ein Knistern von rechts und ei- nes polyphon ohne Richtung, dann ein Schrei, ein Kratzen, Fiepen, Schnarren. Sich paarende Igel, der zarte Tritt von Rehmutter und Rehkind, ein letztes Herumhuschen von Eichhörnchen.

Ganz still ist dieser Wald nie, allein die tausend Buchenblätter bilden eine Kakophonie aus Grund- rauschen und Elfentönen. Die paarenden Igel sind tatsächlich eine recht ordinäre Klangnote in dem Ganzen.

Früher haben die Menschen an vielerlei Waldgeister geglaubt. Wir aufgeklärten Ratiomenschen glauben an das, was wir sehen. Das, was wir hören, macht uns Angst, denn akustische Spurenlese ist nicht mehr Teil unserer Erziehung. Mein Hund hat mir da einiges voraus. Ich höre statt Igelcatchen menschliche Wehlaute, statt Kiebitzgekreisch ängstliche Kinder, statt Specht-Tock-Tock, einen übereifrigen Nachbarn mit Heimwerkertrieb, und ich denke, wenn es ganz schlimm kommt, manchmal an feinstoffliche Wesen. Sehr selten und nur heimlich, das sage ich niemandem, weil ich ein moderner Mensch sein will und kein esoterischer Wunderling. Bis, ja, bis zu einem Abend Mitte Juni. Ich habe gerade meine Windlichter gelöscht und meinen Miniteich mit den Teekerzen in den Schlaf geblasen, da sehe ich überall aus dem Wald Lichter aufsteigen. Erst zwei, dann hunderte. Ein Tanz von Glimmen um eine Mitte, doch das ist eine andere Geschichte.

Nachts am Wald

Mein Garten ist der Vorraum des Waldes. Unmittelbar hinter der kaum gekennzeichneten Grenze schließt sich der alte Buchenhain an, ein schmales, langes Waldstück, das sich um einen Alpenvorhügel zieht. Um exakt den Hügel, auf dem auch mein Garten und das passende Häuschen dazu liegen. Ein geräumiger Balkon reicht bis an den Wald heran, die Buchenäste schlagen bei heftigem Wind ans Geländer oder fallen auch mal drauf. Wahlweise bildet eine einst mickrige Tanne, die zu einem gewaltigen Baum aufgeschossen ist, die Brücke zwischen Buchen und Balkon. Für meine Eichhörnchen ist das die Golden Gate Bridge zwischen Natur und Zivilisation. Sie jagen laut keckernd zwischen den gewaltigen Buchen, der ständig austreibenden Tanne und meinem Balkon hin und her. Wahrscheinlich schmecken die Bucheckern, die bei mir auf die verwitterten Planken fallen, einfach besser, als wenn man sie nur vom

Waldboden erntet. An kühlen Tagen, wenn ich nicht die ganze Zeit auf dem Balkon sitze und schreibe, kommen die Eichhörnchen über die Brüstung geklettert und verputzen alles, was der Balkon so hergibt.

Doch der wahre Waldbeobachtungsplatz ist mein Balkon an Sommerabenden. Das braune Holzgeländer ist Sichtschutz genug, um den Tieren Sicherheit zu geben. Sie stromern durch den Garten, hinterlassen ihre Spuren auf den Holzplatten vor dem Eingang, und ich kann wie ein alter Fallensteller am Morgen die nächtlichen Besuche zuordnen. Hasenpfoten, Rehhufe, Marderabdrücke.Wenn ich die Herrschaften nicht bereits gesehen habe, so hinterlassen sie doch ihre Visitenkarten. In warmen Juninächten braucht man kein Buch, keine mediale Ablenkung, am besten auch kein Licht. Nur einen gemütlichen Sitzsack, in dem man still verharrt, um die Ankunft der Fledermäuse zu erleben.

Was zunächst wie eine Schar Nachtfalter aussieht, entpuppt sich als freundliche Vampire auf ihren seltsam getackteten Zielflügen. Windhauch – Piepsen – Windhauch – Flügelschlagen. Dunkle Schatten im Restlicht, dann wenn die Vögel schon schweigen.

Als mir meine Mutter immer von ihren Balkonbeobachtungen erzählte, hörte ich so gut wie nie hin. Es waren andere Zeiten, also bei mir. Für Naturmystik hatte ich nur literarisch Verwendung, ich verehrte Eichendorff und Jean Giono. Die Realität zu beobachten, schien mir dagegen fast fad. Am Balkon sitzen und lauschen?

Vielleicht muss man altern, um die kleine Welt rund um den Kamin wertzuschätzen. Und dieses Wunder zuzulassen. Aber auch die Geräusche auszuhalten. Es kann ganz schön scary sein, die schabenden, kauenden, knarzenden, quiekenden, raschelnden Töne außerhalb des Balkons zu vernehmen. Und ich stelle fest, dass dieser Balkon auch ein Stück weit meine Rettung ist. Ich bin nicht als Outdoormensch sozialisiert. Nächte allein im Wald, im Zelt? Hilfe! Ich bin ein Angsthase, aber mein Balkon gibt mir Sicherheit. Er ist mein kleines Waldlabor. Die lächerlich dünne Balkonbrüstung ist mein Schutzwall gegen das Unbekannte, das ja noch nicht mal wild ist. Gibt es hier Bären, Luchse, Wölfe? Nein. Schlangen, na keine, die einen sofort umbringen. Und Insekten? Außer den unvermeidlichen Mücken und wirklich zahlreichen Spinnen eigentlich nur wunderhübsche Nachtfalter und Schmetterlinge.
Wovor also habe ich Angst? Vor meiner Phantasie? Vermutlich, denn wenn endlich die Fledermäuse mit dem Nachtschwarz ein Ganzes bilden und nurmehr

ihre Flügelschläge zu hören sind, setzt die wahre Naturmystik ein. Glimmen, Verhauchen, Aufglimmen, Abgleiten, Intervallleuchten. Glühwürmchen balzen ihren Liebestanz. Nur die männlichen Vertreter der kleinen mitteleuropäischen Glühwürmchen sind flugfähig, und sie sind es, die zwischen Juni und Juli hier die Nacht in ein kleines Blinkermeer verwandeln. Ihre auf seltsame Art weiß ausgekleideten, rauen Hinterleiber sind wahre Extremleuchtkörper und lassen die Biolumineszenz, also die Fähigkeit, kaltes Licht zu versenden, rekordverdächtig werden. Denn das Licht, das chemisch unter Zusammenwirken von Enzymen und Sauerstoff erzeugt wird, ist ausgesprochen leuchtstark. Wären die Leuchtkäferchen – nein, sie sind keine Würmchen – nicht so winzig, sie könnten in der Größe eines Dackels ein ganzes Zimmer erhellen. Aber Insekten in Hundegröße mag man sich nicht vorstellen, auch wenn Glühwürmchen zu den sympathisch romantischen Vertretern der Weichkäferartigen gehören.

Verbreitet wie sie sind – nur in der Antarktis kommen sie nicht vor –, befruchten sie weltweit die Phantasie mit ihrem Liebesspiel. Denn nichts anderes ist Sinn und Zweck der Erleuchtung. Mann sucht Frau, Frau blinkert zurück. Drei Larvenjahre haben die Glühwürmchen oder Johanniskäferchen, die wir rund um Sommersonnwend so süß finden, zugebracht und sich dabei an Schnecken satt gegessen. Die können die kleinen Chemiker nämlich mit einem Gift gefügig machen.

Vielleicht sind die wahren Schrecken der heimischen Wälder eher ganz winzig, denn ganz groß. Zecken, Borkenkäfer und Glühwürmchen?

Zecken sind lebensbedrohlicher Mist. Borkenkäfer machen viel kaputt. Wenn Schnecken zu Tode kommen, freut sich jeder Gärtner, also her mit den kleinen Glühwürmchen!

Naturmystik hat immer etwas Morbides, das verstehe ich jetzt. Und noch mehr *eso* ist die Vorstellung, dass Glühwürmchen die Seelen der Verstorbenen sein sollen. Aber warum eigentlich nicht? Das passt gut in einen Erbgarten. Hi Mum!

Geheimnisvolle Giganten

Mein Riesenrhabarber mit den Schneckenlöchern war nicht das einzige dicke Ding in meinem Garten. Da war eines Tages noch ein anderes. Auf einmal war es da; als hätte es heimlich im Verborgenen, unter der Erde, schon alles ausgebildet, was es für die imposante Erscheinung brauchte. Vielleicht war ich aber nur an anderen Stellen meines kleinen Gartenreichs zu beschäftigt gewesen. Ein Garten ist wie eine Schar Kinder. Kaum dreht man einigen Pflänzchen den Rücken zu, um sich um Kollegen zu kümmern, die entweder vor sich hinmickern oder ins Kraut schießen, schon entwickeln sie Unarten, mit denen man erst einmal fertig werden muss als Erzieherin.

So war es auch mit diesem Riesending. Der neue Gartenbewohner mit den fast vierzig Zentimeter langen Herzblättern, in deren Mitte sich ein wenig Tau sammelte. Er, der urplötzlich einen halben Quadratmeter Platz einnahm. Und das nicht nur an einer Stelle, sondern gleich flott über den Waldrand ausgestreckt. Wie grüne Geysire strudelten die Blattwannen aus einem dicken gemeinsamen Strunk, bei dem ich nicht einmal daran denken mochte, was unter der Erde wohl noch so dranhing. Solche Pflanzen machten mir Angst. Sie hatten eine ähnliche Präsenz wie raumgreifende Menschen in einem kleinen Laden. Füllten den Garten aus und ihre Message hieß: »Wir werden noch mehr. Wir werden noch größer. Wir wuchern, weil wir's können.«

Ich stand fassungslos vor den Eindringlingen und war ihnen böse. Bad vibes, die da rüberkamen, allerdings von beiden Seiten. Ich widerstand dennoch dem Reflex, die Giganten sofort mit Stumpf und Stil auszureißen, vielleicht auch, weil ich eine megagroße Wurzel fürchtete, die bestimmt ähnlich einem Eisberg der wahre Teil der Pflanze war. Lieber erst mal googeln. Stichworte: Große Blätter, Waldrand, Mitteleuropa. Kurz darauf flammte der Bildschirm des Laptop grün auf. Blätter wie Konferenztische, kerbige, haarige Oberflächenstruktur. Blätter, unter denen Männer aufrecht stehen können. Oh nein, das würde ich meinem Garten nicht antun. Oder doch? Gibt es Menschen, die solche Gründome schätzen? Ich las über einen Gartenbesitzer in der Oberlausitz, der das größte Mammutblatt zwischen Elbe und Oder besitzt. Ein »freundlicher Gigant« aus den Nebelwäldern Brasiliens, der schon halb Irland unter seine regenschirmgroßen Blätter stellt.

Was bitte sollte dieser Dinosaurier in meinem Garten? Ich hatte ihn nicht eingeladen, und eigentlich war es auch nicht sein Standort.

Ich besah mir die Blätter. Das gegoogelte Grünsegel war nicht identisch mit meinem Protzblatt. Also suchte ich weiter. Huflattich oder genauer Riesenhuflattich, das konnte es sein. Heilpflanze des Jahres 1994, immerhin. Wirklich gefährlich konnte dieser Korbblüter nicht sein, wenngleich die Aussicht auf seine mehr als zwei Meter langen, unterirdisch kriechenden Wurzelausläufer genau dem Schreckbild entsprachen, das ich von meiner dicken Pflanze hatte. Auch dass er den Raupen des Alpen-Würfeldickkopffalters und der Großen Bodeneule als Hauptfutter dient, brachte ihn mir nicht näher.

Ich las weiter und stieß auf den phänotypischen Verwechsler, den Pestwurz, typischer Bewohner des alpinen Raums, bis zu 150 Zentimeter hoch, mit Heilwirkung. Archäologische Funde im keine

50 Kilometer entfernten österreichischen Hallstadt belegen, dass die fleischigen Blätter von unseren Verwandten in der Bronzezeit als Klopapier verwendet wurden. Arschwurz ist in Bayern ein noch durchaus gebräuchliches Wort dafür. Ich dachte an meine Mutter, die den Ausdruck sofort in ihren aktiven Wortschatz übernommen hätte. Und vermutlich hätte sie der Pflanze geradezu wissenschaftlich beim Wachsen zugesehen. Ein urzeitlicher Gigant, der sich bei den anderen urzeitlichen Giganten im Garten – den Farnen – optisch gut gemacht hätte. Durfte ich hier überhaupt eingreifen, oder war es eine Ehre, dass so gewaltige Grünpflanzen meinen Garten offensichtlich ganz passabel fanden? Größe, Aussehen, Standort – alle Parameter passten, aber irgendwas hielt mich von einer exakten Artenbestimmung ab.

Beim Bildergoogeln kamen noch andere herzförmige Blätter des Wegs. Ich blieb an dem Namen Parduna hängen, ein Begriff, der im Capitulare de Villis, jenem bis heute legendären Rechtskompendium Karls des Großen, vorkommt. Diese karolingische, 1200-jährige Quelle zur Gartenbaugeschichte erwähnt eine gewisse Große Klette als Nutzpflanze, die lehmige Böden, alpine Höhenstufen bis 1300 Meter und Waldränder schätzt. Konnte ich hinter alles einen Haken machen. Zweijährig sei sie und als

Naturarznei bis heute im Kurs. Japaner machen aus ihren Wurzeln Gerichte.

Ich sah meine Pflanze mit ganz anderen Augen. Was würde sein nach zwei Jahren? Wenn sie mich wieder verließ? Mein Erbgarten-Gen ging mit mir durch, grüne Gäste am Standort zu halten. Ich forschte also weiter.

Die Große Klette konnte nach den zwei Jahren Untermiete gerettet werden, man musste die Wurzeln ausgraben, teilen, trocknen und neu eingraben. Welch eine Aussicht! Das ganze Wurzelwerk, das mir solche Angst machte, würde die Zukunft bedeuten!

Meine Große Klette durfte nun keinen Wachstumsschub mehr ohne meine fotografische Dokumentation machen. Vermutlich ist sie nun ein Supermodel unter den Großen Kletten.

Ich entwickelte eine Klettenmanie, las alles über Kletten. Lernte, dass sie im 17. Jahrhundert die Gemälde der Zeit bevölkerten, stets als Randgrün großer Schinken, schließlich war der ganze Blattsalat dekorativ. Dass sie als *Radix Bardanae* Volksdroge Nummer eins war und ist, wunderte mich nicht mehr. Sie enthält *Fructan*, so eine Art Süßstoff, der sowohl in der Kosmetik wie in der Pharmaindustrie eine Rolle spielt oder noch spielen wird. Die Klette hat Potenzial, nachdem sie schon jahrhundertelang gegen Leberleiden und Haarausfall das Mittel der Wahl war. Und dann kam Georges de Mistral, ein Schweizer Ingenieur des 20. Jahrhunderts, der sich vom Haken- und Ösenprinzip meiner Kletten inspirieren ließ und den Klettverschluss erfand. Was für eine Pflanze, ein Kraftwerk, ein Multifex der ganz raffinierten Art. Was hatte ich noch mal gegen diese multibel begabte Pflanze gehabt? Wurzelängste? Überwucherung? Green-killing-all-Phobie?

Meine Mutter hätte es anders gemacht. Sie hätte nicht gegoogelt, aber jeden Tag vor der Pflanze gestanden. Irgendwann zwischen Juni und Juli hätte sie das schon leicht zerfledderte »Pflanzen der Wiese« von Alfred Handel aus dem Regal gezogen und nach Ähnlichkeiten gesucht. Schließlich wäre sie mit einem Spaten in andere Gärten gezogen und hätte Geschwisterchen geraubt. Das Rechtsbewusstsein und den Begriff Hausfriedensbruch stellte meine Mutter unter die Bestimmung des Pflanzensammelns.
Während ich nach wochenlangem Googeln und Lesen um die Erkenntnis reicher war, dass ich das geradezu hippe Prinzip des Naturgärtnerns verfolgte. Ein Trend, bei dem die Große Klette eine, wie sollte es anders sein, große Rolle spielt.

Lazy heißt nicht planlos

»Gell, das nennt man Lazy Gardening!«
Eine mir nicht bekannte Frau schielte über mein Fette-Henne-Johannisbeer-Geflecht und war sichtlich stolz auf ihren Kommentar. Ich lag währenddessen in einem Sitzsack unter meinem Knöterich und versuchte in der Restsonne des Nachmittags zu schreiben.
Mein Garten hat es mit der Sonne nicht durchweg leicht, weshalb sich der Anbau von Gemüse und komplizierten Blumen ausschließt. Das heißt auch, ich muss nicht ununterbrochen irgendwo herumzupfen und jäten oder gar einen englischen Rasen pflegen, der sich gegen die krautigen Rüpel des Voralpenlands sowieso nicht durchsetzen würde. Außerdem wird dieser Garten nur sporadisch von mir bewohnt, ich muss ja dummerweise noch Geld verdienen und kann mich nicht ganz der Laziness hingeben.

»Des sieht man halt gleich, wenn so ein Laissez-faire herrscht. Aber verstehen's mich nicht falsch, ich find's hübsch, wenn es so wild ist!«

Die Frau nickte bekräftigend, und ich konnte sehen, wie sie innerlich die Gartenschere, den Löwenzahnstecher, die Heckentrimmer und diverse Sägen hervorholte, um dem ungedämmten Grünwahn ein Ende zu machen. Ich nickte auch, ja, ich war jetzt gerade *gartenlazy*, weil ich einen Artikel fertigschreiben musste. Und das wollte ich in meinem Garten machen, an den wandernden Sonnenstellen.

»Sie sollten sich eine kleine Terrasse schaffen, auf der können's dann auch Tisch und Stühle aufstellen! Ich mein nur, wegen ihrem Computer, den müssen's dann nicht so auf den Knien balancieren.«

Ich liebe es, mein Laptop zu balancieren, auch wenn ich in der Sonne regelmäßig heiße Knie davon bekomme und mir nach einem Artikel der Schweiß über die Beine läuft.

Sie plapperte weiter. »Der Knöterich wird Ihnen noch einmal die ganze Fassade runterreißen, den müssen Sie ausdünnen!«

Ich nickte und versuchte mich auf meinen Artikel zu konzentrieren.

»Was schreiben's denn da?« Die Frau machte vorsichtige Schritte in meine Richtung, sprich, sie hatte schon beide Füße auf der Steintreppe, die man nur sehr ausgesucht betreten darf, weil sich Moose angesiedelt haben und Frauenmantel kräftig aus jeder Ritze springt. Selbst mein Hund hat inzwischen gelernt, wie man diese Treppe nimmt, ohne irgendeinem Grünling einen Halm zu krümmen.

Aus dem Augenwinkel sah ich, dass die Frau auf gutem Weg war, ihre Birkenstocksandalen auf meine Scheinbeeren zu setzen, die sich im Schatten der Frauenmanteligen wohl fühlten. Ich sprang auf, brachte mein Laptop in waagrechte Sicherheit und wedelte mit den Armen. »Nicht weiter gehen, sehen Sie denn nicht die Pflanzen?«

Die Frau wich zurück, haarscharf an einer Babyeiche vorbei, die sich selbst angesiedelt hatte und nun meine ganz besondere Fürsorge genoss, auch wenn sie trotz ihres zarten Alters mit auskragenden Wurzeln schon eine Reihe lockerer Steine zur Seite gewuchtet hatte.

Ich steuerte meinerseits auf die Treppe zu und fuchtelte weiter ins Ungefähre. »Das steht doch nicht alles zufällig da, liebe Frau, das hat alles einen Plan!«

Sie zeigte Entsetzen. Der Ausdruck schwankte zwischen »wie kann dieses Chaos Absicht sein?« und »von welchen seltenen Pflanzen auf ihrer Treppe spricht sie?«

»Meinen Sie das ganze Unkraut auf Ihrer Treppe?
Des muss fei weg, Sie brechen sich sonst irgendwann
was!« Ihr Ton hatte nun genau die Stimmfärbung
meiner Lateinlehrerin angenommen, die mir vor
über 40 Jahren die unverrückbare Notwendigkeit
des *faktischen quod* eingebläut hatte.

Ich ahnte, dass jeder Versuch, der Frau das Prinzip
des Lazy Gardenings beziehungsweise des deut-
lich präziseren Naturgärtnerns beizubringen, hoff-
nungslos war.

»Es ist eine andere Art zu gärtnern, verstehen Sie
doch! Es soll ja sprießen, es soll ein Eigenleben haben; und wenn es zu viel ist, dann greife ich ein. Ist
wie bei der Kinder- und Hundeerziehung heute!«

Ich hatte einen erneuten Flashback zu meiner Lateinlehrerin, die den Charme einer schuldienstlichen Or-
densschwester nach 55 Jahren Dienstzeit verströmte.

»Flexieducation gilt auch für den Garten,« fuhr ich
dennoch unbeirrt fort, »Flexigärtnern wird der neue
Trend, und über den schreibe ich auch gerade. Wenn
Sie mich also entschuldigen wollen, der Artikel muss
heute noch in die Redaktion!«

Ich machte auf der Treppe kehrt, umtänzelte ein
Farnjunges, drei schüchterne Phloxhalme und die
Anfänge eines Blaukissens. Hoffentlich würden die
Gartenideologen in Zukunft meinen Garten mei-

den. In meinem Rücken konnte ich das Kopfschütteln der Frau spüren.

Ein etwas schlechtes Gewissen plagte mich, weil man ja grundsätzlich tolerant und gastfreundlich sein soll. Beides gerät mir schlecht bei Gartenbelehrung. Ich dachte an meine Mutter, die in ihrem Garten gemacht hat, was sie wollte. Allerdings immer mit einem gewissen Selbstzweifel.

Vielleicht wäre sie der Frau anders begegnet? Hätte sie ihren Rat angenommen? Wohl kaum, allerdings hätte sie die Worte Naturgärtnern und Lazy Gardening gar nicht erst verwendet, denn sie wusste sehr genau, wie viel Arbeit es macht, einen unordentlichen und dennoch geordneten Garten zu erhalten. Das malerische Chaos ist vermutlich ein snobistischer Begriff, den sich leisten kann, wer keinen Nutzgarten will.

Aber ist die Inspiration, die mir mein wildes Grün gibt, nicht auch ein Nutzen? Ein nachwachsender Rohstoff, der nie ausgehen sollte? Der mich geistig nährt und am Ende Dinge hervorbringt, die man anfassen kann wie Bücher oder Bilder? Vielleicht ist Flexigardening einfach eine Einstellung, mit der man den Geist beweglich hält? Vielleicht suchte ich aber auch nur eine Rechtfertigung für meinen gezähmten Urwald.

Schließlich ärgerte ich mich über mich selbst. Wieso musste ich mich eigentlich rechtfertigen? Die Einzige, die ich eigentlich immer in meine Überlegungen miteinbeziehen wollte, war meine Mutter; schließlich arbeitete ich mit ihrem geistigen grünen Eigentum weiter, führte ihre Gartenphilosphie fort, mit der sie ihrer Zeit weit voraus war. Ja, sie war eine Pionierin des Flexi- und Naturgärtnerns.

Alleskönner

»Brennen's des weg, dann kommt's ned wieder«, meint meine wie immer bei gärtnerischen Themen recht kriegerische Nachbarin, dabei hebelt sie mit einem Flammenwerfer herum und tritt drohend näher. Ich ahne, was jetzt kommt, als sie auch schon weiterspricht: »Den leih ich Ihnen, werden's sehen, ruck zuck san die Treppen frei von Grünzeug!«
Ich schaudere und lehne den Flammenwerfer dankend ab. Meine Steintreppe ist stellenweise von Moosen überzogen, leider auch an manchen Stufen im Trittbereich, weshalb die Flammenwerferin hinterherschickt: »Da werden's Ärger kriegen mit der Versicherung, wenn Ihnen da einer obifallt!«
Jou, die Versicherung, das ist immer das Totschlagargument, wenn es um den geschniegelten Garten geht. Fußangeln aus Wurzeln, Erhängungsgefahr an Knöterichgewirr, Rutschgefahr bei Moosen auf den Stufen. Nicht zu vergessen meine Grasbüschel, die

sich jede Ritze im Belag suchen und die Frauenmantelkommunen an jedem noch so winkligen Eckenstückchen, die eventuell zum Verglitschen der Stufen führen könnten.

»Seien's doch vernünftig, es schaut doch auch viel gepflegter aus!«

Ich schaudere ein zweites Mal. Ein gepflegter Garten im Sinne meiner Nachbarin enthält Rasen so kurz wie vom türkischen Frisör die Samstagsfriese, gestutzte Hecken ohne Unterwolle, keinen Laub- und Totholzverhau und erst recht keine Moose auf Treppen.

Ich lächle das Unverständnis meiner Nachbarin weg, denn überzeugen kann sie nur ein gezähmtes Grün. Als frischgebackene Naturgärtnerin will ich es aber anders und denke darüber nach, welche Argumente ich beim nächsten Zusammenprall bringen könnte, um dem Gartenspießertum entgegenzuwirken.

Freund Google hilft mal wieder, sowie ein zauberhaftes Buch: »Das verborgene Leben des Waldes« von David G. Haskell. Der Autor hat sich darin einem wenige Quadratmeter großem Stück Natur ein Jahr lang wissenschaftlich und mental genähert. Sein Mandala, wie er es nennt, beherbergt auch Flechten und Moose. Was er über die urzeitlichen Pflanzen schreibt, gleicht einem Krimi. Die Überlebensstrategien sind etwas für Bionik-Freaks. Ausgetrocknet überstehen Moose Stickstoffkälte von minus 196 Grad und Wärme bis 85 Grad Celsius. Welch ein Gewebe, das genügsam solche Extreme wuppt! Dabei erfolgt ihre Nährstoffaufnahme ausschließlich über Wasser von oben, der Erde entziehen sie nichts. Sie ernähren sich also fast feinstofflich. So wachsen sie extrem langsam und besetzen deshalb Plätze, die sonst keiner will. Ich staune ein wenig über ihren Besuch auf meiner Treppe. Und schaudere ein drittes Mal beim Gedanken an den Flammenwerfer.

Moose sind natürliche Wasserfilter und für den Ökohaushalt von existenzieller Bedeutung. Und Moose duften. Meine auch.

Ich stochere weiter in der Moosliteratur, die sich ein wenig trocken liest angesichts der Vielfalt dieser Pflanzkissen. Vierundzwanzig verschiedene Terpene beherbergen Moose, und wenn wir den neuesten wissenschaftlichen Untersuchungen glauben dürfen, dann sind es exakt diese Terpene, die richtig positive Wirkung auf unser Gemüt haben bis hin zum Glücksflow. Die Influenz erfolgt über die Luft und den Duft, der in kleinen Ölsäckchen sitzt, die aus Moosen wahre Heilkissen machen, vorausgesetzt man ist auf so manches ätherische Öl nicht allergisch. Zum Beispiel auf Pinene, nach Terpentin duftende Flüssigkeiten, oder das Monoterpen Limone, das – der Name sagt's – nach Orangen duftet und in Pomeranze, Dill, Kümmel und Koriander vorkommt. Schließlich Geraniol, das häufigste Element in ätherischen Ölen, die in Lorbeer und Muskat so viele Geschmacksreize auslösen und Düfte beeinflussen.

Ich setze mich auf meine Treppe und bewundere meine Moose. Schließlich beuge ich mich hinunter und schnuppere. Citronelle, Zimt und eine kleine alkoholische Note. Ich streichle meine Moose, ihre kleinen ölhaltigen Ästelchen, die einander festhalten und einst in ihrer frühgeschichtlichen Form Algenkolonien gebildet hatten, als die Erde vor 500 Millionen Jahren noch ein Haufen blubbernder Ursuppen war. Ich nehme eine tiefe Nase Moosparfüm und entschuldige mich bei meinen Moosen für den rüden Vorschlag meiner Nachbarin, die allerdings wie aus dem Nichts wieder auftaucht und über mir steht.

»Jetzt sehen's Ihrer Mutter ähnlich, immer ist sie da gehockt und hat an den Moosen geschnuppert. Wir haben schon dacht, sie wird komisch. Aber s'scheint eine Familienkrankheit zu sein!«

Ich sehe die Frau an und danke ihr. Tatsächlich, ich danke ihr, denn ich wusste nicht, dass meine Mutter ganz ohne Google-Wissen die Moose auf der Treppe als Aromatherapie nutzte.

Ein letzter Streichler über meine kleinen Grünkissen, die, oder bilde ich mir das ein?, kurz ihre Ästchen ein- und wieder aufziehen. Die Zellen der Moose haben ein urzeitliches Gedächtnis, sie haben alles überstanden – Klimakatastrophen, Kometeneinschläge und die Erderwärmung werden sie auch packen. Diese unendlich raffinierten pelzigen Öl- und Wasserspeicher erfüllen mich mit Ehrfurcht. Und ich bin schon ziemlich stolz, dass sie meine Treppe mögen. Vermutlich haben sie sich einfach gemerkt, dass meine Mutter auch schon gut zu ihnen war.

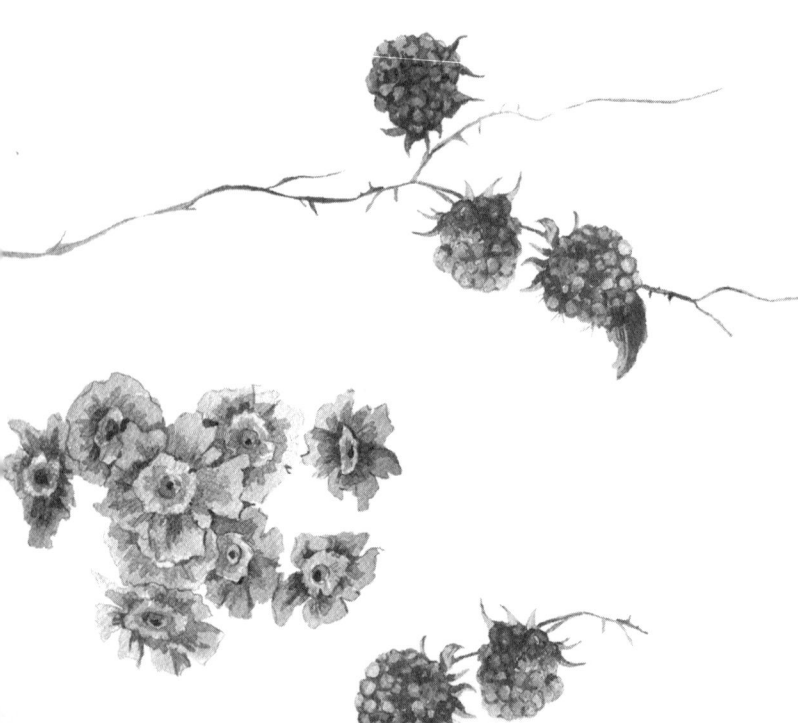

Der rasende Roland

Meine Mutter hatte ein gespaltenes Verhältnis zum Rasen. Sie ließ die Wiese fremdmähen und regte sich nur auf, wenn das mitten in der Jungfroschsaison passierte, was aber selten war. Wohlgemerkt kam damals ein altes Männchen, der Rasen-Rauscher, und schrabbelte mit einem stinkenden Diesel-Mäher recht unregelmäßige Frisuren in den, sagen wir mal, rustikalen Grasbewuchs. Zu viele Nadelbäume drum herum, zu viele Wühlmäuse im Winter, zu wenig Rasenwissen.

Ich ließ den Rasenservice bestehen, denn manche Angewohnheit erbt sich ja fort. Auch mir war der Rasen wurst, solange ich im Frühjahr eine Blühwiese vorfand. Anfang März ein Schneeglöckcheneldorado, Anfang Mai ein gelbes Meer aus Löwenzähnen, im Hochsommer ein ordentlicher Kleeanteil mit Butterblumen.

Mein seniler Greenkeeper war zahnlos und erklärte mir jedes Jahr aufs Neue, dass er sehr genau darauf achte, die Blühphasen nicht mit einer Kahlrasur zu stören. Man konnte ihn kaum verstehen, phonetisch ist das Wort »Phase« ohne Zähne echt schwer. Aber immer wenn er die Phasen nicht ganz exakt erwischte, ließ er eine Insel der blühenden Schönheiten stehen, damit sich die bei mir wohnenden Insekten und Amphibien kein anderes Hotel suchen mussten. Ist ja immer eine Sache des Gebens und Nehmens, des Bestäubens und Forttragens – Tauschgeschäft eben. Wohlmeinende Nachbarn hielten deshalb von meinem Wildrasen nichts, meine Bienen, Schmetterlinge und Frösche dagegen sehr viel.

Seit letztem Jahr, nachdem mein Rasen-Philemon sich für immer unter die Grasnarbe begeben hatte, sprang das Mährecht auf einen jungen kraftstrotzenden Mann über, der sich nicht mit einem kleinen Handmäher sehen lassen wollte.

Als er das erste Mal mit seinem funkelnagelneuen John-Deere-Aufsitzrasenmäher angerückt kam, mitten im April, kurz vor dem Löwenzahnfestival, gruben sich die Reifenprofile wie ein Knethaken in die lehmige Erde. Die Schneidstufe war auf militärischen Bürstenschnitt gestellt. Reifen und Messer sorgten für großzügiges Vertikutieren ohne jedes System. Man konnte den Wühlmäusen ins Speisezimmer gucken, und meine Kolonie aus Gewitterblümchen hat sich seit der ersten Verwüstung nie wieder erholt. Es war der klassische Auftritt, den man auch bei »großer Mann mit großem Hund in kleinem Café« beobachten kann. Hund ohne Leine fegt schwänzelnd Kuchen von den Tischen, bevor er sich mit einem spielerischen Hopser über die vielen kleineren Zamperl unter den Nachbartischen hermacht. Das Café gleicht danach einer Mondlandschaft mit Kaffeeflecken.

Mein Garten weinte, ich weinte. Der Mann, auf den Schaden angesprochen, lachte zahnlos. Ich deutete das Lachen als ein »Was man denn wolle? Bei dem Rasen sei doch eh Hopfen und Malz verloren« und war schon deshalb beleidigt.

Ich bestellte den Rasenservice ab. Doch Menschen mit großen Maschinen unterm Hintern hören anscheinend schlecht. Man kennt das von Motorradfahrern bei sommerlicher Abendruh: »Meine Maschine ist so laut, ich verstehe Sie nicht.« Also kam der Mann gemäß seiner inneren Rasenuhr noch dreimal wieder.

Ich stellte künstliche Hindernisse auf, zum Beispiel alte Gartenbänke, Rankhilfen, Tontöpfe, um ein maschinelles Eindringen in meinen Garten zu verhindern. Ich pflanzte Bäumchen und Sträucher. Anscheinend ist aber die Sicht von einem Aufsitzrasenmäher extrem schlecht. Die Gartenbank wurde zur Seite geschoben, die Bäumchen niedergewalzt, zerhäckselt, untergemischt.

Ich schickte Drohbriefe, Abmahnungen. Mein Rasen war nicht nur optisch zum Schlachtfeld geworden, die ganze causa Rasen wurde zum Scharmützel. Hightech-Johne-Deere-User gegen old fashioned Christine Paxmann. Oder andersherum, denn von meinem Gegner kam nie ein Brief, nichts. Außer er selbst auf dem Aufsitzrasenmäher.

Eines Sommers, als sich die John-Deere-Profile erneut ungebeten in mein Schmetterlingsbiotop gebohrt hatten, um welche dritte Mahd auch immer termingerecht zu absolvieren, kopierte ich den Wikipedia-Eintrag zum Mähen in meinen Kündigungsbrief. Ich schrieb von schonendem Mähen, Teilbereiche aussparen, Brachen stehen lassen, dem Stressfaktor für die Wildtiere, dem Entzug von Nährstoffen aus dem Ökosystem Wiese, dem Fördern schwachwüchsiger, rosettenartiger Kriechpflanzen. Ich informierte die zuständige Kreisgruppe vom Bund Naturschutz und den Amphibienverein sowie die Leute vom ÖBV wegen meiner Bodenbrüter. Gut, ich hatte noch nie Bodenbrüter in meinem Garten gehabt, aber besser nichts auslassen, wer weiß, vielleicht würden sich ja ganz neue Tiere wohlfühlen. Schließlich hatte ich Feldhasen, Siebenschläfer, meine Rehmutter mit ihrem Kitz, meine Igelfamilie und meine gar nicht wenigen Blindschleichen und Ringelnattern. Meine Meisen und Grünfinken leben von meiner wiederbelebten Kiefer sehr gut und in Frieden.

Ich benutzte in der Zwischenzeit Wörter wie »Landfriedensbruch« und »unerlaubtes Eindringen«. »Vergewaltigung von Grünflächen«. Alle Naturschutzgruppen kamen mit Vertretern in Gummistiefeln, was angesichts des Truppenübungsplatzes, in den sich mein Garten verwandelt hatte, notwendig war. Gerade als eine Gruppe Amphibienretterinnen anrückte – das sind die, die pro Eimer gerettete Kröte bezahlt werden, mit Geld, das vom Bund zur Verfügung gestellt wird – da donnerte Trapper John Deere heran. Gut gelaunt, hoch oben auf seinem Wagen. Die Amphibienretterinnen grüßten fröhlich zum Führerhäuschen hoch. Eine von ihnen machte komische Zeichen. Der Motor erstarb. Der Mann kletterte herunter und stand das erste Mal in voller Größe vor mir. 199 Zentimeter bei zweieinhalb Zentnern, breites Lächeln ohne Zähne.
Die eine meiner Krötenbeauftragten kommunizierte immer noch gestisch. Der Koloss gestete zurück. Die andere Krötenfrau stieß mich in die Seite und rief

unverhältnismäßig laut: »Der Roland, der Sohn vom alten Rasen-Rauscher. Tragisch, vom Geerbten hat er sich gleich dieses Monstrum gekauft. Und des, wo er weder lesen noch schreiben kann und stumm und dorad ist er auch noch!«

Ich begrub das Kriegsbeil, nachdem mir die eine Krötenhelferin mein Anliegen in Gehörlosensprache übersetzt hatte und der rasende, *dorade*, also gehörlose Roland abgerauscht war. Ganz kam ich allerdings nicht über den Erbfrevel hinweg, dass sich der Sohn vom mühsam Ermähten des Vaters einen Rasenkiller gekauft hatte.

Und einmal mehr dachte ich über das Thema Erben und Gärten nach.

Nicht Pflanze, nicht Tier

Einige meiner Bäume tragen ein edles Gewand, chartreusegrün schillernde Schuppen, die sich zu kleinen Locken aufbörteln und meinem bescheidenen Arboretum etwas Echsenhaftes verleihen. Meine Mutter strich manchmal mit der Hand über die rauen Kleider unserer einen Birke und unserer einen Kiefer, um zu spüren, wie sich dieser Pullover aus holzigem Grün anfühlte. Heute tragen beide Bäume ein noch dichteres Kleid an »Schillerlocken« und leuchten je nach Luftfeuchtigkeit um die Wette. Wie Ozeane mäandern sie den Stamm hinauf, um ihn herum und leben scheinbar mit ihrem Wirt in bestem Einvernehmen, denn beide Bäume machen einen pumperlgesunden Eindruck. Sind das ebenfalls Pflanzen, die sich selbst hierher eingeladen haben? Schließlich bewohnen sie genauso selbstverständlich auch Dächer,

Felsen und Eisenteile. Da ich fest entschlossen war, meinen kleinen Erbgarten als Forschungsfeld ebenso wie als Wellnessoase zu nutzen, war keine Erscheinung zu selbstverständlich, kein Wesen zu uninteressant. Um es ehrlich zu sagen, genau die besonders urzeitlichen Formationen in meinem Biotop hatten es mir angetan. Und die hellgrünen Panzer meiner Birke, die im Wechsel mit den schwarzen Birkenflecken wuchsen, faszinierten mich, je näher ich ihnen kam, im wörtlichen wie im geistigen Sinn.

Meine Laienforschung brachte wieder einmal Erstaunliches hervor. Diese meine Birke hatte Landschaftsflechten. Und Flechten sind keine Pflanzen und keine Tiere. Als Mischwesen aus Pilz und Alge gehören sie den Pilzen an. Und von wegen Wirt! Worauf sie sitzen, ist ihnen eigentlich egal, außer, dass sie dem Sitzplatz ein wenig Raum für Photosynthese entziehen, rauben sie ihn in der Regel, bis auf ein wenig Verwitterungsgemetzel nicht aus. Flechten sind Überlebenskünstler, noch mehr als Moose. Während Pilze das Fundament bilden, puscheln Algen auf ihrem Pilzbuddy wahre Kunstwerke auf. Gespinste, die hängen oder stehen, Schuppen wie Dächer, Gewebe aus verplüschtem Gewirk. Dabei bilden die Algenteile der Flechte eine Photosynthese vom Feinsten und bergen dank ihrer

chemischen Beschaffenheit ein ganzes pharmako-
logisches Zutatenlager. Antibiotisches, Krebshem-
mendes, Entzündungslinderndes steckt in dem Fa-
milienverbund der Flechte, einem äußerst robusten
Zweckpatchwork, das schon vor rund 600 Millionen Jahren existierte. Ein echtes Dreamteam, das
nicht nur Tieren Nahrungsquelle und Baustoff ist,
sondern heilkundlich genutzt, ein sehr frühes Wun-
dermittel war. Ötzi, unser besterforschter Vorfahre
aus den Südtiroler Alpen, hatte Flechten in seinem
Erste-Hilfe-Säckchen dabei.
Doch so löchrig das Flechtenkleid, so löchrig ist
auch die Geschichte der Lichenologie, der Lehre
der Flechten. Der Aristoteles-Schüler Theophrastus
hinterließ um 300 vor Christus das erste schriftliche
Flechtenzeugnis. Hildegard von Bingen hat sie rund
1300 Jahre später zumindest erwähnt, aber erst im
17. Jahrhundert, als die Botanik in ein neues Zeitalter startete und ordnete, katalogisierte, verglich und
systematisierte, bekamen die Flechten eine Bühne
jenseits der Moose, zu denen sie bis dahin gezählt
wurden. Auch von mir, muss ich gestehen. Lange
waren mir meine pelzigen Überzüge über Steinen,
Stufen, Rinden immer so eine Art holzig weiches
Pflanzengewebe, also fremdartige Mischwesen, die
einem nichts tun, die aber ein farbiges Eigenleben

entwickeln, sobald es heiß oder kalt wird oder auch ohne Anlass, weil sie es einfach können.

Heute weiß ich, dass sie Verwitterungsprozesse aufhalten oder in Gang setzen, dass sie heilen, aber auch vergiften können, dass ihre Lager, also ihre Ästelchen, steif wie Eiskristalle oder eben elastisch wie Gummi werden können.

Ich hänge manchmal mit dem Vergrößerungsglas über diesen Wesen und versuche mir die Farben und Formen zu merken, um später vielleicht mit Aquarellfarben nachzumalen, was dieser Mikrogarten offenbart.

Tatsächlich wachsen unter der Lupe die Verflechtungen zu verwirrend schönen Kulissen hoch, die an Urwälder erinnern. Minikleine Urwälder. Und dann denke ich an meine Mutter, wie sie manchmal mit dem Vergrößerungsglas durch ihren Garten ging. Damals hab ich das als ziemliche Spinnerei abgetan. Aber da war ich auch noch kein Flechtenfan.

Alte Wächter

Fächerschatten kann einfach nicht jeder zaubern. Die feingezahnten Rispen des Farns sind die Grafiker der Natur. Das Muster, das durch seine geästelten Blätter fällt, stellt jedes Lichterspiel der angrenzenden Grünzeuge im wahrsten Sinne des Wortes in den Schatten. Wäre man Hund, man würde sich drunterlegen, um die Vorzüge der Sonne und die des Schattens gleichzeitig zu haben.

Man ist aber kein Hund, sondern ein von Grünpflicht getriebener Gärtner, der vor allem dem Indischen Springkraut keinen Millimeter Raum gönnen möchte, schon gar nicht in Nachbarschaft zum Farn. Wenn man es vor der Blüte mit Stumpf und Stiel vorsichtig aus der Erde zieht, könnte man vielleicht weiteren Flächenbrand verhindern. Und tatsächlich haben die Ausrissversuche des Vorjahrs erste Wirkung gezeigt. An der Stelle sind keine fleischigen Stiele aufgeschossen. Aber ähnlich wie bei einem porösen Reifen, dem man mit Flicken einzelne Löcher gestopft hat und in dem sich die Luft andere Ventile sucht, spitzt an anderer Stelle wieder neues Grün hervor. So auch bei meinem Farn, der in seiner Urzeitlichkeit schon so manche ökologische Bewegung mitgemacht hat. Soll ich eingreifen oder nicht? Warum lässt sich auch die Brombeere nicht zurückdrängen, die mir eigentlich noch weniger lieb ist als das Springkraut, das keinen Widerstand gegen Ausreißen entwickelt. Die Brombeere hat bereits neue Scharten in meine Beine gezogen.

Ich entscheide mich in einer paritätischen Geste gegen Eindringlinge und gegen heimische Gewächse, also gegen Springkraut und gegen Brombeeren und nehme einen schier aussichtslosen Kampf auf für den Farn und das nur, weil unter dem Farn auch das Vogelbecken steht. Eine vergessene, ehemals scheußliche braune Plastikschale, in der mein Sohn ganze Froschgenerationen großgezogen hat. Heute danken es nicht nur die Frösche mit langem Aufenthalt auf einem Stein, der aus der Wasseroberfläche ragt, sondern auch die Vögel. Das halb mit Laub und eben jenem Stein gefüllte Plastikmonster nimmt durch seinen günstigen Standort Regenwasser auf. Die Farne bilden ein Blätterdach. So und nicht anders müssen Wellnessoasen für Vögel und Amphibien aussehen.

Das Plastikbraun der Wände ist vermoost und ähnelt den stützenden Steinen, die das Becken vor dem Umkippen schützen sollen. Vintagegardening. Plastikmüll kann so schön sein, wenn man die richtigen Wächter hat, die über alle Moden erhaben und zeitlos schön sind.

Buchenfluch

In jenen Zeiten als »Tochter« war es mir immer eine Qual, das alljährliche Laubrechen. Von meiner Mutter gestaltet wie ein mittelprächtiger Almabtrieb mit tagelanger Vorbereitung, viel Dramatik und dem ebenfalls alljährlichen: »Wenn wir's jetzt nicht machen, gehen uns die Wühlmäuse drunter!«

Wie gerne hätte ich einmal gesagt, dass mir die Wühlmäuse am Allerwertesten vorbeigehen und sie sehr gerne im Winter unseren Garten in eine Wackelbude verwandeln dürften, wenn ich dafür nicht tagelang Laub rechen müsste.

Ich wiederhole: Mein kleiner Erbgarten ist von mächtigen Buchen umstanden, deren glatte Rinden in der Herbstsonne wie Steine glänzen. Säulen des Waldes, allesamt nicht auf meinem Grundstück, sondern in Nachbars Grund, eines Bauern, der mit dem nur zwanzig Meter tiefen Waldband eine ganz klare Grenze ziehen wollte zu den »Stoderern«, die es gewagt hatten, in den 1970er Jahren billigen Baugrund zu erwerben und sich an diesem göttlichen Flecken Erde niederzulassen. Dass man zur Einschätzung »göttlicher Flecken« manchmal erst kommt, wenn andere daraus etwas gemacht haben, hatten der Bauer und einige andere Nachbarn mittlerweile vergessen. Denn die Alteingesessenen wertschätzten die aufwändig zu pflegenden Almen auf dem Moränenbuckel nicht, ließen sie ungenutzt oder halbherzig beweiden. Der Buckel war immer ein ungeliebtes Stiefkind der Ansässigen gewesen, und als sich erste Dollarzeichen am Horizont abzeichneten, weil Investoren so blöd waren, sich hier ein Feriendörfchen vorzustellen, ließen sie sich die Parzellen gerne abkaufen.

Heute will davon niemand mehr was wissen. Eine Schande sei das, wie sich »die Stoderer da reingezeckt« hätten. Denn das neu besiedelte Land hat sich prächtig entwickelt zu einem recht individuellen Biotop aus Holzhäusern, Stauden, Bäumen, Büschen, Gärten, ja Vegetationen unterschiedlichster Couleur. Eben Sonnengärten und Schattengärten.

Mein kleiner Erbgarten gehört zu Letzteren. Die Bäume, jene Buchen von fünfzehn Meter Höhe, nehmen die Sicht und bilden im Sommer ein grünes Ganzes, das sich bei Gewitter gefährlich nah auf das Haus zubewegt. Eine grüne Wand, die ab drei Uhr nachmittags keinen Fitzelchen Sonne mehr durchlässt und wegen der schieren Höhe angsteinflößend ist wie ein Tsunami.

Ganz anders im Frühling, wenn die ersten hellgrünen Blättchen sich entrollen und innerhalb weniger warmer Tage ein Gespinst aus Jungblattsalat entsteht, das an allen erdenklichen Stellen Licht durchlässt. Munter tanzt es in mein Wohnzimmer herein. Irrlichter im Frühling – hell, gelb, fast chartreusegrün –, versetzt mit Buchensamen und Meisen, Rotkehlchen, Zaunkönigen und einzelnen unsichtbaren, aber sehr hörbaren Käuzen.

Doch das sind Beobachtungen, die ich erst gemacht habe, als es nicht mehr der Garten meiner Mutter, sondern mein Erbgarten war. Lange Zeit waren die Buchen mein Fluch, mein mütterlicher Herbstterror, der mir ein wertvolles Wochenende in der Stadt nahm oder gar drei Tage Ferienzeit. Buchen hieß für mich Wühlmaus, hieß für mich, ätzende Stunden mit dem Rechen, der Laubtüte und nachfolgendem Muskelkater. Laubrechen ist nämlich Workout der ganz bösen Sorte. Wenn man nicht symmetrisch arbeitet, mal links rum, mal rechts rum, hat man ein Kreuz wie ein Korkenzieher und an beiden Armen recht unterschiedliche Krampfmuskeln. Denn mein Garten geht bergab. Leider weiß dies das Laub nicht, das mit der Schwerkraft nur so viel am Hut hat, dass es vom Baum nach unten fällt, aber ansonsten anfällig für jeden Windhauch ist.

Wie sehr hat sich mir das Bild eingebrannt, wenn meine Mutter einen Tacken zu früh auf die Wühlmausverhinderungsaktion gedrängt hat und wir zwei Tage Laub gerecht hatten, ohne nach oben zu sehen. Dorthin, wo noch einmal dieselbe Menge an den Bäumen hing, die über Nacht dank eines kleinen Frostanfalls oder Windstoßes, einen neuen Laubteppich gebildet hat.

Heute weiß ich, dass es fast unmöglich ist, den richtigen Zeitpunkt zu erwischen. Wie viele Male habe ich mich bei meiner Mutter deswegen insgeheim entschuldigt, auch wegen der Wühlmäuse! Denn das erste Jahr nach dem Tod meiner Mutter habe ich es schleifen lassen. Ein wenig aus Protest, einfach weil ich mir's jetzt leisten konnte und auch, um den Beweis anzutreten, dass dieses alljährliche Laubrechen eine elterliche Schikane war, ähnlich wie andere unnütze Aktionen, zum Beispiel Handtücher und Unterwäsche bügeln, Leintücher stärken und stets geöffnete Fenster im Schlafzimmer. Dieses eine Jahr erlaubte ich mir Protest in der Trauer.

Als ich im folgenden Frühjahr nach der Schneeschmelze die ersten Schritte in meinen Garten setzte, hatte sich mein Rasen in eine Art Schwingmoor verwandelt. Das Höhlensystem der Wühlmäuse war so geschickt unter der Rasendecke platziert, dass man keine Aufwürfe sah. Aber mit jedem Schritt sank man in die Wohn- und Schlafkammern der Wühlmäuse, und als sich auch noch die Schmelzflüssigkeit zurückgezogen hatte, sah der Garten aus wie ein zerdellter Butterklumpen, voller Messerscharten und ungeduldiger Bohrlöcher.

Es hat Jahre gedauert, den Grund wieder stabil zu bekommen, und ich habe das alljährliche Wühlmausrechen nie mehr versäumt. Ganz bestimmt hat meine Mutter – falls es eine Sphäre nach dem Tod gibt – versucht, mir von dort aus ein Zeichen zu senden. Allein, ich wollte es nicht bemerken, musste die Trauer und das Jugendtrauma besiegen, um es gegen mein ganz eigenes Wühlmaustrauma einzutauschen. Die Trauer kann, neben allem Schmerz, ein borstiges Ding sein, das einen erwachsen macht.

Vagabunden

Der Hang meiner Mutter zu pflanzlichen Findel-
kindern hat mir nicht nur einen jährlich ausufern-
den Farn-Urwald eingebracht, sondern auch allerlei
Gäste, deren Namen ich selbst bei sorgfältigster Recherche niemals eruieren werde. Vermutlich laufen
da draußen, im Reich der hoch spezialisierten Laien
und emsig missionierenden Amateure, Mitmenschen
herum, die mir beim Entschlüsseln meines eigenen
Gartens helfen könnten. Doch ich habe das Gefühl,
dieses kleine Stück *terra incognita* behalten zu müssen. Was, wenn ich immer schon gewusst hätte, dass
das hellorange blühende Schlinggewächs neben der
Haustür eine üble Knöterichart ist, die vor keiner Ritze haltmacht? Würde ich sie sorgfältig zurückschnei-
den und ihr sagen, wo der Bartl den Most holt? Muss
ich wissen, dass man mit einem Seilsystem ihren
Wuchs so steuern kann, dass sie kaschiert, was sie ka-
schieren soll und frei lässt, was sonst erstickt? Würde

dieses Biotop, das von Juni bis Oktober orangefarbene Stäbchenblüten produziert, als gäbe es eine Sonderprämie, mehr flauschige Wandbehänge gestalten wie ohne meine Fürsorge und, komischerweise sogar nach den härtesten Wintern? Oder was wäre mit all den Gräsern, die einer einmaligen Besamungsaktion (Tüte: Gartencenter!) folgend, den Garten mit langen Grannen verhübschen, die aussehen wie das Stichelhaar des gleichnamigen Jagdhunds? Überhaupt – der Rasen. Wer ein Freund des gepflegten englischen Rasens ist, kann beim Besuch meines Gartens gleich die Herztropfen auspacken. Zierlich gelockte Wucherrosetten in zauberhaft hellem Grün haben den Garten an der Stelle mit dem 30 Grad Abhang in ein gut sitzendes Geflecht verwandelt. Das schützt meiner Einschätzung nach vor Erosion und sieht hübsch aus, laufen kann man auch darauf und augenblicklich stellt sich Massagewirkung ein. Wer hätte das schon, wenn er mit dem Vertikutierer auf Du und Du wäre und jeden Grünhalm in seine Schranken verweist? Selbstverständlich hat so ein Erbrasen mit Eigenleben auch kahle Stellen. Das wurmt mich schon, denn mit einem vagabundierenden Garten ist es wie mit der Erziehung. An den wichtigen Ecken muss man Pflöcke einschlagen und dann wieder die Leine locker lassen. Verletzt werden darf wohlgemerkt bei allem Freigeist niemand. Eine braune Stelle im Rasen ist eine Verletzung und fällt auf den Grashalter zurück. Kahle Stellen sind ungesund, nicht nur im Fell von Tieren, sondern auch bei anvertrautem Boden. Aber was soll man machen, wenn Tannen und Buchen ihr freundlich dichtes Laubdach darüberbreiten?

»Fällen« lautet die Antwort rigoroser Gartenfreunde, denen alles Nadelige im Garten sowieso ein Frevel ist. Ich kann das verstehen, aber in Alpennähe stellt sich so manches Tännchen ganz von alleine ein. Zunächst ist man beglückt über den freiwilligen Zwerg, und dann sieht man ihm beim Wachsen zu. Meistens verpasst man dabei den Augenblick, in dem aus dem duftigen Kind mit den hellgrünen Haarnadeln ein ungeschlachter Koloss mit dunkelgrünen Borsten wird und die Handsäge nichts mehr ausrichten kann. Dann ist auch der Rasen darunter bereits Schnee von gestern. Einziger Vorteil der Nadeligen: Sie haaren nicht und produzieren im Herbst keine Plage. Vormals gartenlose Städter, die zu Neugärtnern werden, sehen in der ersten Laubaktion noch ein gechilltes Moment der Gästebespaßung. Das machen die Gäste genau ein Jahr mit. Danach ist man Jahr für Jahr alleine mit der raschelnden Pracht, die beim ersten Herbstregen zu einem pappigen Geflecht wird. Wehe dem, der es verpasst, den Laubfilz vor dem ersten Schnee zu entfernen!

Ewige Steine

In meinem Erbgarten liegen Findlinge. Natürlich keine eiszeitlichen Riesen, aber respektable Pebbles, die weißlich zwischen all den ungebetenen und gebetenen grünen Gästen sitzen. Oder bin ich hier der Gast?

Die Besitzfrage werden wir ein Leben lang diskutieren, mein Garten und ich. Wer nicht diskutiert, sind die Findlinge. Vereinzelt oder in Rudeln liegen sie unbewegt, seitdem sie meine Mutter dorthin verfrachtet hat. Oft aus weit entfernten Bachbetten. Jeder Transport ein körperliches Ereignis, denn schon zwei der grauweißen Mineralbomben wiegen viele Kilo.

Meiner Mutter war es nie zu viel. Ihr graues Rücksäckchen, bei dem sich die Schnüre schon aufdröselten und die grünen Randsäume verschlissen waren, hielt tapfer jede Steinverrückung durch. Manchmal auch auf meinem Rücken. Es waren jene Ausflüge, die mich als Kind oder Jugendliche maximal genervt haben. Ewiges Stehenbleiben in kargen Bachbetten.

Kraxeln zwischen Farnen und Fichten, weil genau da einer der schönsten Findlinge lag. Dann qualvolle Abstiege mit dem maroden, aber bis zum Bersten gefüllten Rucksäckchen, das jeden seiner Insassen mit Inbrunst in meinen Rücken gebohrt hat. Meine Mutter strahlte dann immer über das ganze Gesicht, denn sie hatte neue Steinkinder in ihre Familie aufgenommen. Meine Mine hingegen verdüsterte sich von Schritt zu Schritt, der immer langsamer wurde. Unnötig zu sagen, dass die Ausflüge auch immer einen Tacken länger dauerten, als geplant, denn das Bergen von Riesenkieseln ist kein Pflücken von Blumen (das allerdings mit dem Steine sammeln einherging). Das beschwerte Rucksäckchen ächzte bei jeder Bewegung, und ich startete mit der Diskussion, was dieser Scheiß solle, schließlich seien es graue Steine, tote Steine, unansehnliche Brocken voller Staub und Erde und noch dazu schwer wie die Hölle. Meine Mutter lächelte selig und sagte ebenfalls immer den Satz: »Schade, dass du mich nicht verstehst, mich machen sie glücklich, irgendwann.«

Zuhause wurde dann jeder Einzelne an einen Platz zelebriert. Die Choreografie erschloss sich mir nie, denn manche verschwanden zur Gänze unter den ebenfalls adoptierten Farnen oder in Nischen, in denen ich Schlangen vermutete. Schließlich sind hier in der Gegend die Schleichen, die Kreuzottern und Ringelnattern nicht selten.

Nur im späten Herbst trat das Weiß der Steine zwischen den Buchenblättern hervor und tüpfelte den Garten. Ich konnte dann aber nicht zugeben, dass diese Aufheller dem Laub etwas gaben.

Mein Verhältnis zu den Millionen Jahre alten Fundstücken war also getrübt durch die Transporte. Und die sich verlängernden Ausflüge. Und die spitzen Schreie, die meine Mutter ausstieß, wenn sie einen blank polierten Brocken fand, der an Ebenmäßigkeit nicht zu übertreffen war. »Nur durch die Kraft des Wassers, schau, wie unendlich samtig er ist.«

Ich kannte diesen Satz, und das Gesicht meiner Mutter bei diesem Satz kannte ich ebenfalls. Dann blinzelte sie mit ihren blonden Wimpern, und ich ahnte das Wasser in ihren Augen. In mir stieg immer reflexartig Panik auf. Wasser in den Augen konnte den Beginn einer langen Grübelphase bedeuten oder eines stürmischen Tiefs. Ausgelöst durch den harten Samt eines einzigen Steins.

Von wegen die Steine machten meine Mutter glücklich! Die Pebble waren der Grabstein guter Laune, so empfand ich sie. Aufgehäuft zunächst zu Steinmanderl, ruhten die Klötze vor unserem Haus, wenn die

Schwermut eingekehrt war. Dann konnten sie natürlich nicht verortet werden.

Legte sich der Schleier und das Wasser in den Augen ging zurück, wurden die Neuzugänge gewaschen und in die erdachten Ecken des Gartens getragen. Waren sie verräumt, war der Spuk vorüber.

Heute sind all diese Steine kleine Biotope. Manche sind aufgrund ihrer besonderen und von meiner Mutter geradezu schlafwandlerisch gefundenen Idealstelle moosgrün überzogen. Manchmal schillern sie, je nach Jahreszeit und Lichteinfall. Oder dämmerten bräunlich erdig schrumpelig, wenn eine Dürreperiode vorüber war. Andere sind zu Erdfängern geworden, vor allem, wenn sie zu mehreren zusammengelegen hatten. Dann sammelten sich in ihren Ritzen seltsame Pflanzen, die ich trotz intensiven Studiums von Alpenblumenführern nicht bestimmen kann. An den ganz entlegenen Stellen, wo Farne mittlerweile Riesendächer bilden, erscheinen die kleinen Felsen nur im Herbst, sobald der erste Frost die fedrigen Blätter des Farns niedergestreckt hat. Dann erheben sie sich über all das geplättete Grün, über die schon dürren Nachbarspflanzen und strahlen etwas Weises aus.

Ich habe mich letztens dabei ertappt, wie ich mich hingekniet habe, um den rauen Samt der Steine zu streicheln. Handschmeichler der urigen Art. Dass ich nicht wie eine schrullige Alte wirkte, hat vielleicht damit zu tun, dass Steinestreicheln in etwa den therapeutischen Charakter von Bäume umarmen hat: Wer haptisch veranlagt ist, kann für sich daraus tatsächlich etwas ziehen. Denn die uralte Kraft der Steine überträgt sich. Und wenn man dem »wir-malen-Mandalas-auf-ganz-ganz-glatte-Kiesel«-Trend glauben darf, dann ist die Steintherapie gerade erst im Anrollen.

Die Steine sind jetzt, so viele Jahre später, meine Freunde geworden, und ich habe ihnen die Geburtswehen, bis sie es in unseren Garten geschafft haben, verziehen. Auch die Schwermut, die sie verlässlich bei meiner Mutter ausgelöst haben. Irgendwie sind sie so zu Mahnsteinen geworden, die an jegliche Verletzlichkeit erinnern.

Manchmal nenne ich sie auch mein kleines Gräberfeld der Gefühle, denn keiner ist ohne Gefühlsausbruch hier gelandet, sei es Begeisterung oder Trauer, Genervtheit oder Glück.

Einzelne Exemplare habe ich ausgewildert. Zum einen, weil der Rasenmäher jedes Mal neue Scherblätter brauchte, wenn er wieder unbedacht drübergezogen wurde. Und zum anderen, weil ich ein paar

Exemplare tatsächlich zu Grabsteinen machen wollte. Heute liegen sie auf dem Münchner Nordfriedhof auf unserem Familiengrab, das ich mit einer Eibe, quasi als Hausbaum, bepflanzt habe. Außerdem mit Farnen (selbst geklaut) und Latschen, dazwischen Efeu der ganz ledrigen Sorte. Eine Miniaturfassung meines Erbgartens.

Wo in den Nachbargräbern Stiefmütterchen und Leberblümchen wuchern, stehen bei mir Steine. Ein paar genießen auch die Aussicht vom Grabstein herunter. Das Wort Grabbeigaben hat so eine ganz neue Bedeutung bekommen. Jene Steine, die meine Mutter fand, passen nun auf ihre ewige Ruhe auf.

Und wenn ich im Hochsommer im Schatten sitze und den Geräuschen in dem wilden Mix aus Bodenkriechern, Indischem Springkraut und Brombeeren lausche, legt sich seit ein paar Jahren immer ein Eidechsenpaar auf die drei Steine, die mir vor vielen Jahren einen Hexenschuss eingebracht haben. Sage noch mal einer, dass es Magie nicht gibt. Und Steine tot sind.

Mein Jagdgrund

Die Wühlmäuse haben mich, um es salopp zu sagen, katholisch gemacht. Laub muss raus, wenn's an der Zeit ist. Aber noch etwas haben die kleinen Nager geschafft: Sie haben meine Sinne geschärft. Der Garten meiner Mutter war mir früher immer ein waldnahes Rätsel mit sieben Siegeln. Lange fragte ich mich, was meine Mutter nur an dem schattigen grünen Grund fand – abschüssig, Laub vorne, Laub hinten, mit den Buchenästen, die bis auf den Balkon reichen oder nach Sturm mit meterlangem Wurfholz den Garten zeichnen.

Im ersten Jahr meiner Erbgartenära hatte ich noch damit zu tun, die Geister meiner Mutter in ihre Schranken zu weisen. Also alles partout anders oder eben in ihrem Sinne zu machen. Manches davon erwies sich als Segen, das andere als Fluch.

Als ich meine eigenen Erfahrungen gemacht hatte, war mein Blick unverstellt. Unverstellt in einen

Wald, in dem so mancher Förster und Jäger mich um meine Aussichtskanzel beneidete. Denn mein Balkon funktioniert wie ein Hochsitz.

Die Frühlingsvögel waren die ersten Gäste, die mir den Wald ans Herz wachsen ließen. Dieses emsige Hin und Her zwischen Bucheckern, Blättchen, Samen, Würmchen und zugegeben meinen unsachgemäß verteilten Meisenknödeln schulte meinen Blick in den Wald. Plötzlich war er nicht mehr nur ein Blatttyrann, sondern die Arena für ein Panoptikum aus Fell und Federn. Meine persönliche Waldbühne.

Wenn ich ganz ruhig auf meinem Balkon sitze, gesellt sich immer ein Eichhörnchen dazu. Bespringt kurz meine Blumenkästen, legt einen Catwalk auf der Balkonbrüstung hin und schwingt sich dann auf einem Ast wieder Richtung Wald. Wie gesagt, die Äste der Buchen reichen bis an den Balkon, und ich kann mich noch gut daran erinnern, dass ich in der Trotztrauer gerne alle abgesägt hätte. Grüne langfingrige Buchen, die nach mir griffen, so empfand ich das.

Heute sind es meine Brücken in den Wald. Brücken für eben jenes Eichhörnchen, aber auch für meinen Siebenschläfer. Ein dickgesichtiger Minibär, der in den Monaten Mai bis September in meinen Dachbalken Partys feiert. Jenes fellige Etwas von der Größe eines Hamsters, das mich frech von hoch gelegenen

Giebelbalken ansieht, wenn ich nachts auf meinem Balkon, hoch über meinem Garten, die Geräusche der Nacht zu unterscheiden versuche. Der Siebenschläfer rappelt und zwar so laut, dass ich in den ersten Monaten meiner neu gewonnen Sensibilität an Einbrecher glaubte. Ein Schaben und Nagen wie ein Scharriereisen, das sich an Hartholz abarbeitet.

Das Geheimnis um den Lärm lüftete der kleine Bilch selber, als er eines Abends senkrecht an der Wand hochlief, keinen Meter von mir entfernt, die ich still und im Dunkeln in meinem Balkonstuhl saß.

Er hielt immer wieder kurz inne, um sich zu vergewissern, dass wirklich keine Gefahr drohte, dann kletterte er zum First hoch und begann zu rappeln, dass ich um meine Balken fürchtete.

Meine Recherche ergab, dass der Siebenschläfer in den wenigen Monaten seines nachtaktiven Lebens so viel Radau machen kann, wie ein ausgewachsener Mensch. Bei 160 Gramm Maximalgewicht respektabel, genauso sein Speiseplan, der nur eins zum Ziel hat: Speckchen für den mehr als sieben Monate dauernden Winterschlaf in einem Meter Erdentiefe anzufressen.

Je öfter sich mein Siebenschläfer mir zeigte, desto weniger störte mich sein Radau. Kam er mal nicht, vermisste ich das Kerlchen regelrecht, dessen Vorfahren bei den Römern eine Delikatesse waren und dessen Artgenossen in der Lombardei noch heute verbotenerweise gejagt und gegessen werden.

Ich will meinen Siebenschläfer nicht essen, genauso wenig wie mein Reh, das gerne in der Abenddämmerung in meinem Garten äst. Auch wenn es alle meine Johannisbeeren auf dem Gewissen hat. Manchmal spurtet auch ein ganzes Rehrudel durch die Buchensäulen, bleibt kurz stehen, schaut zu mir hoch, läuft weiter. Ich bin eben kein Hochsitz und meine Waffe ist der Fotoapparat.

Womit ich nichts gegen Wildfleisch gesagt haben möchte. Ich esse sehr gerne Reh, Hirsch, Wildschwein, Gams. Vielleicht auch, weil ich durch meine Beobachtungen weiß, wie frei und natürlich gefüttert diese Tiere ihr Leben zugebracht haben, das dann durch einen gezielten Schuss beendet wird. Ohne vorherige Hormonzugaben und das einschießende Stressadrenalin einer industriellen Schlachtung. Die Alternative ist fleischlos und natürlich stets eine Gewissensfrage. Vielleicht wäre sie leichter zu beantworten, wenn ich einen Gemüseerbgarten hätte, doch die Schattenlage, der lehmige Schwerboden und die gefräßigen Waldbewohner sind nicht gerade hilfreich dabei. Ein Erbgarten kann viele neue Fragen aufwerfen, aber auch ein paar Antworten geben.

Metamorphose

Den Garten für den Winter einzupacken, ist ein trauriger Akt. Nicht nur, dass man wie ein Billigfriseur mit der Heckenschere grobe Kurzhaarfrisuren ins Gebüsch schneidet, um die vom Saft verlassenen Ästchen in Façon zu bringen. Nein, man muss auch noch Heuballen um besonders empfindliche Grünlinge binden, und es sind nicht nur Mimosen, die solch eine Extraportion Liebe brauchen.

Zum Beispiel wollen auch die dicken Hortensien, die sicher zum fleißigsten Personal des Gartens gehören, gehätschelt werden. Ihre mächtigen Blütenköpfe kennen kaum ein Ende. Bis in die Tiefen des Herbsts hinein gelingt den unprätentiösen Pflanzen ein Blütendasein, das so dekorativ wie farbintensiv ist. Keine Pflanze altert geschmackvoller. Kein Blütenkopf macht länger was her. Und das auch noch, nachdem man sie abgeschnitten hat, um den Sommer ins Haus zu retten. Hortensienköpfe bewahren

Haltung beim Trocknen und sind erfindungsreich in Sachen Farbe. Tausend Rosatöne an einem Kopf, Blau wie Grau wie Eisfarben. Grün, das auch trocken noch intensiv wirkt. Diese fleißigen Arbeiter zwinge ich zum Winter hin in ein Bett aus Tannenreisern. Wer im Sommer nicht rumzickt, kriegt auch für den Winterschlaf ein Heizkissen.

Nach einem Tag Arbeit, bei harzverschmierten Fingern und den Resten von Brombeerdornen im Gartenhandschuh stehen im Garten lauter Tannenmännchen und abrasierte Äste. Es gibt Schöneres. Jeder Garten wird im November zu einem kleinen Friedhof. Die Gartengeräte putzen und wegpacken. Den Sommer begraben.

Gut, wenn im Zimmer noch Hortensien mumifizieren. Sie sind einfach fleißig über den Tod hinaus.

Trostgärtnern

Es gibt ja Phasen im Leben, in denen es nicht läuft. Auf allen Ebenen und meistens zeitgleich.

Ich hasse diese Phasen, denn sie erinnern mich an die dunklen Zeiten meiner Mutter, die aufgrund düsterer Schübe eine Art persönliche Jahreseinteilung hatte. Die Schübe kamen sicherlich zweimal jährlich, im besten Fall. Es gab auch Jahre, die ein einziger tiefer Schatten waren, mit zugezogenen Vorhängen und den letzten Tonbandaufzeichnungen meines Vaters, der in einem Hotelzimmer in Assisi das Diesseits verlassen hatte und dessen Stimme sie immer und immer wieder von einem alten Diktiergerät abspielen ließ. Ich wusste, wenn mein Vater wie aus dem Jenseits aus dem Zimmer meiner Mutter sprach, waren die dunklen Wolken im Anmarsch. Jahre gingen ins Land mit durchschlafenen Tagen, wilden Medikamentencocktails und alberner Euphorie. Meine Mutter hatte sich in der Trauer eingerichtet wie in einem Kokon.

Und doch trat schlagartig eine Besserung ein, als sie den kleinen Garten auf dem Land gekauft hatte. Ein naturnahes Stückchen Wildnis, mit einem winzigen Haus, das man als erweiterte Hütte begreifen kann, aber mit Heizung und fließend Wasser.

Sie fing an, sich mit den Steinen im Garten zu unterhalten, und von denen gab es viele. Sie untersuchte die vorhandene Vegetation und wurde nur ungeduldig bei Dornen und Disteln. Sie suchte Pflanzen aus dem Wald und den voralpinen Bergen, um sie im Garten heimisch zu machen. Und sie schuf kleine Sitzecken, die nichts anderem dienten, als von hier aus ins Grüne zu sehen. Blumen wurden nicht angesiedelt, auch kein Gemüse. Dafür reichten viele Faktoren nicht aus, denn das Ganze war zunächst nur ein Wochenendgarten, nicht mehr, aber auch nicht weniger.

Wenn meine Mutter an den Montagen wie neugeboren in die Stadt zurückkam und von den grünen Neuzugängen erzählte, von den geschnittenen Sträuchern und den ein ganz klein wenig gestutzten Fichten und Tannen, die, wenn man sie gelassen hätte, schlicht das Dach der Hütte emporgehoben hätten, war sie augenscheinlich glücklich.

Später zog sie ganz in ihr Gartendomizil. Jahreszeitlich bedingt, erzählte sie dann am Telefon vom Sturm der Jungfrösche, die – keine acht Millimeter groß – von sämtlichen Wasserstellen aus durch ihren Garten pflügten, um sich in die angrenzende Waldschlucht zu stürzen, in der sie unter den tropfenden Blattkreiseln der Alpen-Pestwurz groß und größer wurden. Oder von der Wühlmauskolonie, die sämtliche Grasflächen unterminierte. Oder von den alleinerziehenden Rehmüttern mit ihren Kitzen, die völlig ohne Arg am Garten vorbeizogen und sich vermutlich dachten: »Wann ist die Alte wieder weg, damit wir uns die jungen Baumtriebe da herausholen können?« Oder vom Feldhasen und vom lautstark Liebe machenden Igelpaar.

Ich sollte all diesen Bewohnern oder ihren Nachfahren wiederbegegnen, als ich den Garten übernahm. Denn anscheinend werden auch in Tierfamilien Traditionen weitervererbt, schließlich mussten das die Nachfahren derer sein, die meine Mutter beschrieben hatte.
Und tatsächlich erkannte ich den therapeutischen Anteil des Gärtnerns auch erst, als ich selbst in einer dunklen Phasen anfing, mit den bloßen Händen Blattstrukturen zu streicheln, die Erde zu spüren und an den Rinden meiner Bäume entlangzustreichen.
Die Haptik eines Gartens ist mit Psychopharmaka gar nicht aufzuwiegen. Alle dunklen Seelenschat-

tierungen meiner Mutter nahmen aushaltbare Züge an, als sie den Garten als ihr Retiro entdeckt hatte. Keine zugezogenen Vorhänge mehr, das Tonband blieb fortan still, meine Mutter hatte eine neue Form der Verkapselung gefunden, die auch den Inhalt des grau-beigen Arzneischränkchens unwichtiger werden ließ. Sie sprach, streichelte, setzte, säte, suchte, sog und zog auf. Und wie das kollektive Gedächtnis ihrer tierischen Gartenbesucher, so übertrug sich dieses feinstoffliche Vademecum auch auf mich.

In den ganz schattigen Ecken und Zeiten des Daseins hilft heute ein Barfußtag im Garten zum Wohlfühlen oder zum Wachrütteln, wenn sich die Bucheckern der vergangenen Jahre in die Fußsohle bohren und einen Gegenschmerz aufbauen, der von der Seele ablenkt.
Die Steine im Garten habe ich in der Zwischenzeit in Troststeine umgetauft, und mit ein wenig Hildegard-Wissen und Paradiesgärtlein-Romantik sample ich mir einen Heilgarten zurecht, den man fast esoterisch nennen könnte, würde er nicht so irdisch viel Arbeit machen. Arbeit, die mal geistige Auseinandersetzung, mal richtig körperlich spürbar ist. Und immer ein Zwiegespräch mit meiner Mutter, die sich mit einem Garten gerettet hat.

Bildnachweis: alle Fotolia

Umschlagkonzeption und -gestaltung:
Christine Paxmann text • konzept • grafik
Umschlagfotos: alle Fotolia

Lektorat: Regine Teufel
Layoutkonzept Innenteil: Christine Paxmann text • konzept • grafik
Layout/DTP: Christine Paxmann text • konzept • grafik

Gedruckt auf chlorfrei gebleichtem Papier

Printed in Germany

ISBN 978-3-8354-1735-9

Hinweis
Das vorliegende Buch wurde sorgfältig erarbeitet. Dennoch erfolgen alle
Angaben ohne Gewähr. Weder Autorin noch Verlag können für eventuelle
Nachteile oder Schäden, die aus den im Buch vorgestellten Informationen
resultieren, eine Haftung übernehmen.

Über die Autorin

Christine Paxmann ist Autorin, Grafikerin und Journalistin. Sie schreibt Romane und Sachbücher für Jugendliche und Erwachsene und gibt eine Fachzeitschrift für Kinderliteratur heraus.
Mit ihrer Familie lebt und arbeitet sie in München und im Chiemgau.

Bibliografische Information der Deutschen Nationalbibliothek
Die Deutsche Nationalbibliothek verzeichnet diese Publikation in der Deutschen Nationalbibliografie; detaillierte bibliografische Daten sind im Internet über http://dnb.d-nb.de abrufbar.

BLV Buchverlag
GmbH & Co. KG
80636 München

© 2017 BLV Buchverlag GmbH & Co. KG, München

 www.facebook.com/blvVerlag

Gärtnern als Jungbrunnen:
Gartenwissen & Lebensweisheit

Karin und Udo Bernhart
Gärtnern für ein langes Leben
Jahrzehntelange Gartenerfahrung, authentisch und persönlich vermittelt,
mit wunderbaren Bildern. Lebensweisheit und Gartenwissen: Gärtnern in den
Jahreszeiten, als Jungbrunnen, für die Gesundheit von Körper und Seele.
Die Eltern des Fotografen, beide hoch in den 90ern und dennoch bei jedem
Wetter draußen – in großer Liebe miteinander und mit ihren Gärten verbunden.
ISBN 978-3-8354-1696-3